Tragédia

Terry Eagleton

Tragédia

Tradução
Rachel Meneguello

editora
unesp

Título original: *Tragedy*

Fundação Editora da Unesp (FEU)
Praça da Sé, 108
01001-900 – São Paulo – SP
Tel.: (0xx11) 3242-7171
www.editoraunesp.com.br
www.livrariaunesp.com.br
atendimento.editora@unesp.br

Dados Internacionais de Catalogação na Publicação (CIP) de acordo com ISBD
Elaborado por Vagner Rodolfo da Silva – CRB-8/9410

E11t Eagleton, Terry

Tragédia / Terry Eagleton; traduzido por Rachel Meneguello. – São Paulo: Editora Unesp, 2025.

Inclui bibliografia.
ISBN: 978-65-5711-299-1

1. Literatura. 2. Crítica literária. 3. Crítica cultural. 4. História intelectual. 5. História das ideias. 6. Política. 7. Teoria literária. 8. Cultura. 9. Sociologia. 10. Sófocles. 11. Eurípides. 12. Shakespeare. 13. Marxismo. I. Meneguello, Rachel. II. Título.

CDD 809
2025-3719 CDU 82.09

Editora afiliada:

Asociación de Editoriales Universitarias de América Latina y el Caribe

Associação Brasileira de Editoras Universitárias

Em memória de Nora Bartlett

Sumário

Prefácio

Este é o segundo estudo que escrevo sobre tragédia, talvez porque existam poucos outros lugares nos quais a grande arte e as questões morais e políticas mais fundamentais estejam tão estreitamente interligadas. Uma razão pela qual a tragédia importa é que ela é, em última instância, uma medida do que valorizamos; outra razão é que certa ideologia se apropriou da forma, tornando-a suspeita para muitas pessoas que, de outra maneira, poderiam extrair valor dela. Ela é a aristocrata das formas de arte, e meu próprio trabalho, tanto em *Doce violência* quanto neste livro, representa uma tentativa de, ao modo de meu falecido amigo e professor Raymond Williams, democratizá-la.

Por que a tragédia importa para mim em particular é uma questão mais difícil. Se eu, tal como a *Tragédia moderna* de Williams, estou interessado, entre outras coisas, nas relações entre a tragédia na arte e a tragédia na vida cotidiana, pode ser porque embarquei no estudo da arte trágica em Cambridge sob a sombra de uma calamidade da vida real, a morte do meu pai, que descrevo em minhas memórias em *The Gatekeeper*. Se certa veia da tragédia extrai vida da morte, embora não sem tristeza e culpa, essa foi a condição na qual abordei o assunto pela primeira vez como estudante e, reduzidamente, da maneira como o encontro hoje.

Assim, tenho pensado sobre a tragédia por mais de meio século, desde que Jan Marsh, hoje uma proeminente estudiosa dos pré-rafaelitas, comentou comigo, após ambos termos preparado o *paper* sobre esse tema para o exame de Literatura Inglesa na Universidade de Cambridge, que "os avaliadores parecem pensar que a tragédia é uma coisa boa". Com esse comentário simples, mas profícuo, do qual ela quase certamente não se lembra, Jan plantou uma semente da qual muito do meu trabalho sobre a tragédia tem sido fruto. Por isso, eu sou-lhe profundamente grato.

T. E.

1
A tragédia está morta?

> Não era algo de ordem monstruosa; não era um destino raro e distinto; não era um golpe de sorte que oprimia e imortalizava; tinha apenas o selo da desgraça comum.
>
> (Henry James, *A fera na selva*)

A tragédia é considerada universal, o que é verdade se tivermos em mente o sentido cotidiano da palavra. O luto pela morte de uma criança, um desastre em uma mina ou a desintegração gradual de uma mente humana não se limitam a nenhuma cultura em particular. A tristeza e o desespero constituem uma língua franca. No entanto, a tragédia no sentido artístico é um assunto altamente específico. Não há equivalente próximo dela, por exemplo, na arte tradicional da China, Índia ou Japão.[1] Em um magnífico estudo da tragédia do início da era moderna, Blair Hoxby aponta que "os europeus viviam sem nenhuma categoria para *o* trágico, embora vissem tragédias em

1 Ver Eagleton, *Sweet Violence*, p.7.

todos os lugares".[2] A forma não se origina como reflexão atemporal sobre a condição humana, mas como uma forma na qual determinada civilização enfrenta os conflitos que a assolam durante um momento histórico efêmero.[3]

Toda arte tem uma dimensão política, mas a tragédia, na verdade, iniciou como uma instituição política. Para Hannah Arendt, ela é a arte política *par excellence*.[4] Apenas no teatro, Arendt afirma, "a esfera política da vida humana é transposta para a arte".[5] De fato, a tragédia grega antiga não é apenas uma instituição política em si mesma, mas duas de suas obras, *Eumênides*, de Ésquilo, e *Édipo em Colono*, de Sófocles, dizem respeito à fundação ou garantia de instituições públicas. É fato conhecido que o drama trágico, realizado na Grécia antiga como parte do festival de Dionísio, era financiado por um indivíduo nomeado pela cidade-estado, cujo dever público era ensaiar e pagar o Coro. O Estado supervisionava os procedimentos de forma geral sob a autoridade do magistrado chefe e mantinha os roteiros das apresentações em seus arquivos. Os atores eram pagos pela pólis, e o Estado também fornecia um fundo para subsidiar a taxa de entrada para que cidadãos muito pobres pudessem pagá-la.[6] Os juízes do concurso eram eleitos pelo corpo de cidadãos e, sem dúvida, nas *performances* dramáticas teriam exercido a perspicácia crítica que estavam acostumados a exercer como jurados nos tribunais e como membros da assembleia política. Como Jean-Pierre Vernant e Pierre Vidal-Naquet comentam, era uma questão de

---

2 Hoxby, *What Was Tragedy?*, p.7.

3 Embora Edith Hall argumente que a *Poética* de Aristóteles, que não situa a tragédia em seu contexto público, já começa a universalizar a forma. Ver Hall, Is There a *Polis* in Aristotle's *Poetics*? In: Silk (Ed.), *Tragedy and the Tragic*.

4 Ver Cassin, Greeks and Romans: Paradigms of the Past in Arendt and Heidegger. *Comparative Civilisations Review*, p.49.

5 Arendt, *The Human Condition*, p.188.

6 Para pesquisa informativa da tragédia antiga, ver Wilson (Ed.), *A Cultural History of Tragedy*.

"a cidade se transformar em teatro".[7] "O texto da tragédia", observa Rainer Friedrich, "torna-se parte do discurso civil da pólis."[8]

A tragédia, portanto, não era apenas experiência estética ou espetáculo dramático. Era também uma forma de educação ético-política que ajudava a inculcar a virtude cívica. Para Hannah Arendt, há um paralelo entre a política e o teatro trágico, pois quando a política é conduzida em sessão pública completa, como na Atenas antiga, ela transforma seus participantes em artistas semelhantes a atores em um palco.[9] A tragédia mais tardia não é, em sua maior parte, uma instituição política oficial, embora na Alemanha do século XVIII, o romance *Os anos de aprendizado de Wilhelm Meister*, de Goethe, e a teoria dramática de Gotthold Lessing reflitam sobre a necessidade de um teatro estatal que unificasse a nação. Para Lessing, assim como para alguns outros pensadores alemães de sua época, o teatro promove a virtude pública e um senso de identidade coletiva.[10] Seja ou não baseado nacionalmente, no entanto, o drama trágico continua a lidar com os assuntos de Estado, as revoltas contra a autoridade, a ambição exagerada, as intrigas da corte, as violações da justiça, as lutas pela soberania, tudo aquilo que tende a centrar-se nas carreiras de figuras nobres cujas vidas e mortes têm consequências importantes para a sociedade como um todo.

Politicamente falando, a tragédia grega tinha papel duplo, tanto validando instituições sociais, quanto questionando-as. A arte pode legitimar uma ordem social por meio de seu conteúdo, mas também fornecendo ao público uma válvula de escape psicológica, promovendo fantasias inofensivas que podem distraí-lo dos aspectos mais

---

7 Vernant; Vidal-Naquet, *Myth and Tragedy in Ancient Greece*, p.185. Para tragédia como instituição política, ver também Euben, Introduction. In: ______ (Ed.), *Greek Tragedy and Political Theory*.

8 Friedrich, Everything to Do with Dionysus. In: Silk (Ed.), *Tragedy and the Tragic*, p.263. Ver também Goldhill, The Great Dionysus and Civic Ideology. In: Winkler; Zeitlin (Ed.), *Nothing to Do with Dionysus?*

9 Ver Arendt, *Between Past and Future*, p.154. Ver também Pirro, *Hannah Arendt and the Politics of Tragedy*, esp. cap.2.

10 Para as ideias de Lessing sobre teatro, ver Lessing, *The Hamburg Dramaturgy*.

repugnantes dos regimes sob os quais vive. A *Poética* de Aristóteles não vê a tragédia como uma fantasia inofensiva, mas a considera como alimentando o público com doses rigidamente controladas de certas emoções (piedade e medo) que, de outra forma, poderiam ser socialmente disruptivas. É, em suma, uma homeopatia política.[11] No que diz respeito à tragédia como crítica, é surpreendente que um evento político oficial, parte de um festival religioso reverenciado, pudesse lançar luz tão ousada sobre o subtexto obscuro da civilização grega antiga: sobre a loucura, o parricídio, o incesto, o infanticídio e coisas do gênero, por mais que esses assuntos tenham sido empurrados para o passado mitológico cautelosamente. É como se um festival em homenagem à rainha da Inglaterra apresentasse uma série de quadros do adultério desde Lancelot e Guinevere até as façanhas de Jack, o Estripador.

Na visão de Aristóteles, a tragédia grega pode fornecer uma forma de terapia pública, purgando uma fragilidade emocional que pode colocar em risco a saúde da pólis. Assim como em Platão, entretanto, também é possível ver certos aspectos do teatro como politicamente subversivos e exigir sua regulamentação estrita pelo Estado. A tragédia mais tardia possui uma gama de papéis políticos. Ela pode lembrar o público quão doentiamente precário o poder dos poderosos pode ser, ou fornecer um corpo de mitologia em torno do qual a nação pode renascer. Nós veremos mais adiante como a filosofia alemã da tragédia se propõe a resolver certas contradições que surgem de um estágio inicial da civilização de classe média. A dimensão pública ou política da tragédia continua viva no teatro de Henrik Ibsen, mesmo que o cenário de seu drama seja em grande parte doméstico. Isso ocorre porque, em Ibsen, a família serve como um meio para tratar as questões sociais mais profundas, de modo que os domínios privado e público se tornam difíceis de serem dissociados. É somente depois desse ponto que encontramos em uma escala

11 Ver Lacoue-Labarthe, Philippe. On the Sublime, *Postmodernism: ICA Documents 4*, p.9.

considerável o que poderia ser chamado de tragédia privada, prenunciada em algum drama doméstico do século XVIII, no qual o que está principalmente em jogo é um pai incestuoso, uma mãe viciada em drogas ou um casal que sobrevive destruindo um ao outro.

A política da tragédia, no entanto, envolve mais do que o que acontece no palco. Ela também significa uma luta sobre o significado do trágico em si. Em seu estudo *A morte da tragédia*, o crítico George Steiner vê a tragédia como uma crítica à modernidade. O espírito verdadeiramente trágico expira com o nascimento do moderno. Ele não pode sobreviver a uma era que deposita a fé em valores seculares, uma política esclarecida, a conduta racional dos assuntos humanos e a inteligibilidade final do universo. Ele fica desconfortável nesse mundo desencantado, de modo que o termo "tragédia moderna" se torna uma espécie de oxímoro. A tragédia não pode tolerar uma ética utilitária ou uma política igualitária. Como aristocrata entre as formas de arte, ela serve, entre outras coisas, como traço de memória de certa ordem social mais espiritualmente exaltada no coração de uma época desagradavelmente prosaica. Ela representa um resíduo de transcendência em uma era de materialismo.

O que iniciou como instituição política, portanto, acaba como uma forma de antipolítica. Somos resgatados das garras do comerciante, do escrivão e do conselheiro local, e restaurados a um mundo de deuses, mártires, heróis e guerreiros. Em uma era desvalorizada de pessoas comuns, podemos nos voltar mais uma vez para o mistério, a mitologia e o metafísico. Dada a afinidade histórica entre a tragédia e a democracia, essa aversão ao espírito democrático é especialmente irônica. A tragédia, ou pelo menos uma versão parcial dela, está entre os vários substitutos da religião no período moderno, lidando como faz com a culpa, a transgressão, o sofrimento, a redenção e a glorificação.[12] É com a morte de Deus que a arte trágica

12 Sobre os substitutos modernos para a religião, ver Eagleton, *Culture and the Death of God*.

renasce, com toda a aura majestosa da divindade que ela substitui. Para boa parte da teoria estética, não pode haver nada mais resplandecente que o sublime, do qual a tragédia é a expressão suprema; o que quer dizer que a tragédia é duplamente destacada, ocupando o mais alto posto do mais elevado modo estético.

Nessa visão, que absolutamente não se limita à obra de Steiner, o drama trágico é tudo o que a era moderna não é: elitista em vez de igualitário, de sangue nobre em vez de mãos calejadas, espiritual em vez de científico, absoluto em vez de contingente, irremediável em vez de reparável, universal em vez de paroquial, uma questão de destino em vez de autodeterminação. Ele lida com a morte de príncipes em vez do suicídio de mercadores. Arthur Schopenhauer é um dos raros filósofos da tragédia que insiste que um grande infortúnio – que em sua visão levemente heterodoxa é suficiente para constituir uma ação trágica – pode acontecer a qualquer pessoa, independentemente da posição social. Esse infortúnio, ele comenta, não precisa ser causado por circunstâncias raras ou personagens monstruosos, mas pode surgir fácil e espontaneamente do comportamento humano habitual. No entanto, embora o filósofo sustente que as tragédias cotidianas são as melhores, no sentido de que mais de nós podemos nos identificar com elas, também afirma, de forma um tanto inconsistente, que os protagonistas trágicos devem preferencialmente ter *status* nobre, já que sua queda causa mais impacto. As circunstâncias que mergulham uma família de classe média na penúria e no desespero, observa Schopenhauer, podem parecer insignificantes aos olhos dos poderosos e, uma vez que podem ser remediadas com facilidade pela ação humana, dificilmente os levarão à piedade.[13]

Os romancistas naturalistas franceses Edmond e Jules de Goncourt são bem mais generosos. Eles escrevem:

---

13 Schopenhauer, *The World as Will and Representation*, v.1, p.254-255 e v.2, p.437.

> Nós devemos nos perguntar se nesta era de igualdade em que vivemos ainda poderia haver, para o escritor ou para o leitor, quaisquer classes demasiadamente desprezíveis, quaisquer misérias demasiadamente indignas, quaisquer dramas obscenos, quaisquer catástrofes insuficientemente nobres em seu terror. Ficamos curiosos para saber se a Tragédia, a forma convencional de uma literatura esquecida e de uma sociedade desaparecida, estava realmente morta; se, em um país sem castas e sem aristocracia legal, os infortúnios dos pequenos e dos pobres poderiam despertar interesse, emoção e piedade no mesmo grau que os infortúnios dos grandes e ricos; se, em uma palavra, as lágrimas que são derramadas pelos de baixo poderiam evocar lágrimas tão facilmente quanto as que são derramadas pelos de cima.[14]

Nesse sentido, os Goncourt são herdeiros da linhagem da denominada tragédia burguesa que, para figuras do século XVIII como Diderot e Lessing, nos apresenta homens e mulheres comuns em situações familiares. Na visão de Lessing, os espectadores de classe média nas bancadas devem se ver refletidos nos personagens no palco.[15] Para essa corrente de pensamento, a tragédia não deve ser definida nem por um tom heroico, por convenções neoclássicas, nem pelo *status* social dos personagens, mas por sua autenticidade emocional. A teoria trágica medieval e renascentista vê a queda de um herói de alta linhagem da prosperidade para a miséria como crucial para a forma; mas, uma vez que os protagonistas são impassivelmente burgueses em vez de glamourosamente aristocráticos, a noção de tragédia como queda calamitosa começa a desaparecer. O mesmo acontece com a ideia de que ela expõe a precariedade do poder ou a mutabilidade dos assuntos humanos.

14 Apud Becker (Ed.), *Documents of Modern Literary Realism*, p.118. Para um estudo da classe social na tragédia, ver Hall, To Fall from High to Low Estate?, *PMLA*.

15 Ver Lessing, *The Hamburg Dramaturgy*, p.178-194.

Para uma visão mais tradicional que a de Lessing, a arte trágica não é uma questão de infortúnios dos pobres, mas de mito e destino, ritual e sacrifício de sangue, crimes graves e expiação heroica, mal e redenção, deuses ciumentos e vítimas submissas. O sofrimento que ela retrata é enobrecedor, além aterrador, de modo que deixamos o teatro edificado por cenas de carnificina.[16] Somente quando confrontada pela calamidade, o espírito humano é capaz de revelar sua verdadeira nobreza. A tragédia é a forma peculiar que não nos apresenta nem simplesmente a aflição humana, nem simplesmente o que a transcende, mas uma em função da outra. Nas palavras de Steiner, ela representa "uma fusão de tristeza e alegria, de lamento pela queda do homem e de regozijo na ressurreição de seu espírito".[17] A forma artística desempenha papel vital, moldando, distanciando, purificando e condensando os materiais trágicos de uma forma que torna o poder de nos apavorar mais aceitável. David Hume observa, no ensaio *Da tragédia*, que a eloquência e a *artisticidade* da arte trágica tornam mais prazeroso o conteúdo angustiante. Edmund Burke desenvolve o argumento engenhoso de que esse prazer é a maneira de a Natureza nos impedir de evitar cenas de miséria da vida real, inspirando-nos a voar em auxílio dos envolvidos.[18] Além disso, ficcionalizar eventos é investi-los com inteligibilidade, bem como universalidade potencial, que podem faltar na vida cotidiana. Na tragédia grega antiga, empurrar a ação para um passado lendário pode ter o mesmo efeito cognitivo. Apesar de todo o caos e a incerteza da ação trágica, podemos discernir vagamente o funcionamento da providência dentro dela, principalmente se ficarmos um pouco distantes.

---

16 Para alguns trabalhos exemplares desse tipo, ver: Bradley, *Shakespearean Tragedy*; Raphael, *The Paradox of Tragedy*; Krook, *Elements of Tragedy*; Lucas, *Tragedy*; Kerr, *Tragedy and Comedy*; e Krutch, *The Modern Temper*.

17 Steiner, *The Death of Tragedy*, p.130.

18 Ver Edmund Burke, *A Philosophical Enquiry into the Origin of our Ideas of the Sublime and Beautiful*, p.46.

Na visão de alguns críticos modernos, filósofos como Hegel revigoram o inenarrável ao insistir que a tragédia revela um desígnio racional. É um caso persuasivo, embora o próprio fato de a arte trágica existir sugira que há mais no mundo do que a dor. A tragédia não é um grito sem palavras. O trauma do Real para Jacques Lacan está além da linguagem, mas a tragédia permanece desse lado do silêncio. "A linguagem por meio de sons, ou melhor ainda, palavras, é uma vasta libertação", escreve Bertolt Brecht, "porque significa que o sofredor está começando a produzir algo. Ele já está misturando sua tristeza com um relato dos golpes que recebeu; já está fazendo algo do totalmente devastador. A observação instalou-se."[19] Na tragédia, observa Roland Barthes em *Sobre Racine*, nunca morremos porque estamos sempre falando. O verdadeiro desespero acontece quando não somos mais capazes de falar. Se há esperança após a morte de Lear, ela está inscrita – entre outros lugares – na própria integridade do verso, que não consegue se calar diante dessa catástrofe. No entanto, o fato de a poesia não se revelar completamente é uma pequena recompensa pelos horrores que retrata. "Toda obra de arte, incluindo a tragédia", observa Yuri Jivago, de Boris Pasternak, "testemunha a alegria da existência. [...] Ela está sempre meditando sobre a morte e, assim, está sempre criando vida." Mas as realizações da arte em nenhum sentido redimem o sofrimento que o romance retrata.

Em uma visão conservadora, Ésquilo é trágico, mas Auschwitz não. Não se trata de que o Holocausto não seja lamentável além das palavras, mas de que ele nada faz para elevar nosso senso de possibilidade humana. O que quer que nos deixe abatidos em vez de exaltados – um acidente aéreo, a fome, a morte de uma criança – não se qualifica para o *status* trágico. O sentido estético da palavra se liberta de seu significado cotidiano. É uma fissura histórica, bem como conceitual: os gregos antigos parecem ter pouca ideia do trágico em

---

19 Brecht, *The Messingkauf Dialogues*, p.47.

nosso sentido coloquial do termo, ou, nesse caso, da tragédia como uma visão de mundo (embora o pronunciamento sombrio de Sófocles, de que seria melhor para homens e mulheres nunca terem nascido, tenha toda a ressonância dessa ideia). Para a Grécia antiga, o termo pode evocar o magnífico ou o grandioso, razão pela qual Aristófanes pode zombar do alto estilo da tragédia, mas raramente do triste.[20] O termo "trágico" em seu sentido comum é um desenvolvimento posterior e, como tal, é um caso de vida imitando a arte. Significa algo como "indizivelmente triste", distinto de forma de arte ou visão do mundo. Vale a pena notar, incidentalmente, que uma cultura pode ter uma visão trágica sem produzir nenhuma arte trágica muito notável, ou vice-versa.

Na visão clássica, desastres da vida real não são trágicos porque são uma questão de sofrimento bruto. É somente quando esse sofrimento é moldado e distanciado pela arte, de modo que algo de seu significado mais profundo seja liberado, que podemos falar adequadamente de tragédia. A arte trágica faz mais do que retratar o intolerável; ela também nos convida a refletir sobre ele, honrá-lo, homenageá-lo, investigar suas causas, lamentar as vítimas, absorver a experiência em nossa vida cotidiana, recorrer a seus terrores para confrontar nossa fraqueza e mortalidade e, talvez, encontrar algum momento provisório de afirmação em seu cerne. Essa afirmação, como vimos, pode ser simplesmente o fato de que a própria arte continua a ser possível. O problema dessa teoria, no entanto, é que essas coisas também podem acontecer em calamidades da vida real, que raramente são um caso de sofrimento e nada mais. O ataque ao World Trade Center, em 2001, levou rapidamente a um drama coletivo de luto e meditação públicos, mito e lenda, designação e homenagem, contemplação e comemoração, todos os que faziam parte da ação trágica. Nós não precisamos que o sofrimento seja colocado no palco para ver além da dor imediata.

20 Ver Most, Generating Genres: The Idea of the Tragic. In: Depew; Oblink (Ed.). *Matrices of Genre*.

A versão conservadora da tragédia depende muito do teatro da Grécia antiga, mas não se encaixa em algumas de suas obras. O drama de Eurípides, por exemplo, dificilmente se destaca por apresentar uma visão legal e harmônica do universo. Para as teorias conservadoras, tal ordem nos concede o consolo do significado, e mostrá-lo sendo violado é demonstrar quão inexpugnável ele é. Elas também promovem sentimentos de reverência, admiração e submissão. Conscientes de nossa fragilidade, encontramos no trágico uma crítica à razão arrogante, sem nos entregarmos ao pessimismo ou ao determinismo científico. Nós nos sabemos livres, mas de forma compatível com um respeito pela necessidade cósmica. Se o determinismo vulgar deve ser rejeitado, o individualismo anárquico também deve. Os seres humanos não são meros brinquedos de forças externas, nem (como em uma mitologia comum da classe média) independentes e soberanamente autorresponsáveis. Eles são livres o suficiente para refutar os materialistas científicos, mas sujeitos à lei cósmica de maneira que igualmente confunde os individualistas liberais. Os poderes humanos são, portanto, humilhados e afirmados de uma só vez. Somos agentes, com certeza, mas não somos totalmente a fonte de nossas próprias ações. Aqui, há um paralelo remoto com o público de uma tragédia teatral, que é ativo na forma como interpreta o drama, mas fisicamente passivo e impotente, incapaz de intervir para evitar a catástrofe e, portanto, tão vítima do destino quanto os protagonistas. Com algumas exceções de vanguarda, todo teatro é uma imagem do determinismo, dado que o público não tem permissão para subir no palco. As palavras "teatro" e "teoria" são etimologicamente correlatas, e ambas sugerem contemplação em vez de ação.

Dado que somos capazes de extrair valor do fracasso e da desolação, há esperança, mas não algum otimismo entusiástico.[21] Tanto os pessimistas quanto os progressistas estão, portanto, ultrapassados.

21 Para as diferenças entre os dois, ver Eagleton, *Hope without Optimism*, esp. cap. 1.

A nobreza humana é afirmada em oposição aos materialistas mecânicos, mas os sonhadores utópicos são lembrados da finitude humana. É preciso apegar-se ao valor que a tragédia revela, ao mesmo tempo que reconhece sua fragilidade, seguindo um curso entre o cinismo e o triunfalismo. A razão tem seu lugar nos assuntos humanos – com devido respeito aos niilistas subversivos –, mas o enigma do sofrimento expõe os limites dessa razão em relevo gritante, fato que não traz conforto aos racionalistas da classe média. Há pena e medo, mas essas são emoções edificantes, que não devem ser confundidas com algum humanitarismo sentimental.

A tragédia, nessa visão, valoriza a sabedoria sobre o conhecimento, o mistério sobre a lucidez, o eterno sobre o histórico. Ela representa o lado obscuro do Iluminismo, a sombra lançada pelo excesso de luz dos *Aufklarers*.[22] "O *éthos* da tragédia", escreve Christopher Norris, "é algo estranho à semântica geral do racionalismo humanista."[23] Entre as discussões com os *illuminati* está a alegação de que as raízes da tragédia são mais profundas do que o social e, consequentemente, estão além do reparo. Nenhum medicamento poderia curar o pé inflamado de pus de Filoctetes, nenhum aconselhamento psicológico resgataria Fedra de sua condenação. Uma orientação matrimonial não poderia fazer nada por Anna Karenina, tampouco um curso sobre diferença cultural salvaria o destino de Otelo. A tragédia é, portanto, uma rejeição aos reformistas sociais e utopistas políticos. Aos olhos de George Steiner, o drama de Ibsen falha no teste da tragédia porque gira em torno de questões que podem ser corrigidas na prática. Em *Um inimigo do povo*, Ibsen toma como tema a infecção de uma casa de banho pública, que, na visão de Steiner, é assunto demasiadamente indigno para uma tragédia genuína. "Se há

22 Iluministas. Em alemão no original. (N. E.)

23 Norris, *William Empson and the Philosophy of Literary Criticism*, p.91. O comentário pretende endossar esse racionalismo e não o criticar.

banheiros nas casas da tragédia", escreve com um floreio esplêndido, "é para Agamenon ser neles assassinado."[24]

Nessa teoria, há algo intoleravelmente imaturo na esperança social, comparada ao desencanto maduro daqueles que perscrutaram o coração escuro das coisas.[25] "O destino de Lear", declara Steiner, "não pode ser resolvido pelo estabelecimento de lares adequados para os idosos."[26] Não é de fato óbvio que seja assim. Se Lear, expulso por suas filhas implacáveis, tivesse recebido consolo e abrigo de alguma alma mais gentil, talvez não tivesse precisado morrer. Mesmo assim, William Empson tem razão quando argumenta que "é apenas em grau que qualquer melhoria da sociedade poderia evitar o desperdício de poderes humanos; o desperdício, mesmo em uma vida afortunada, e o isolamento, mesmo de uma vida rica em intimidade, não podem deixar de ser sentidos profundamente, e é esse o sentimento central da tragédia".[27] Esse não precisa ser um caso antipolítico; na verdade, Empson o faz como um socialista de longa data. Isso é, no entanto, insistir nos limites do político. A política pode abolir certos conflitos, mas não pode acabar com toda a angústia e desespero.

Na visão tradicional, a arte trágica não pode sobreviver por muito tempo em um mundo desprovido de mito, providência e presença onerosa dos deuses. No entanto, o momento exato que ela morre é uma questão de disputa. Ao contrário de Mark Twain, a tragédia tem sido assunto não de um, mas de toda uma série de obituários prematuros. Hegel sustenta que a arte como tal chegou ao fim na era moderna e que, embora o drama trágico continue a ser encenado, é em grande parte um material inferior, carente da dimensão histórico-mundial dos antigos. A arte se voltou de tais questões importantes para a ética e a psicologia, um declínio já prefigurado na obra

24 Steiner, *The Death of Tragedy*, p.243.

25 Ver Scruton, *The Uses of Pessimism*.

26 Steiner, op. cit., p.128.

27 Empson, *Some Versions of Pastoral*, p.12.

de Eurípides. Para Nietzsche, a tragédia morreu na própria infância, estrangulada em seu berço com o advento do cético Eurípides e do cerebral Sócrates. Sigmund Freud considera vital a ideia de destino para a tragédia antiga e duvida que possa haver qualquer equivalente moderno convincente.[28] O complexo de Édipo sobrevive ao próprio Édipo, mas alguns críticos estão menos seguros de que a tragédia também tenha sobrevivido.

Richard Halpern rejeita a tese da "morte da tragédia", mas argumenta com alguma plausibilidade que a forma entrou em "férias prolongadas" ao longo do século XVIII e da maior parte do século XIX.[29] Pode-se acrescentar que esse é o período em que uma classe média cada vez mais autoconfiante está em ascensão, e que quando essa garantia começa a vacilar, nas décadas finais do século XIX, a tragédia encena um retorno. Steiner parece afirmar que a arte sobrevive até Racine, mas depois começa a declinar. O declínio, ele sustenta, "foi concomitante com a democratização dos ideais ocidentais [...]. A tragédia argumenta uma aristocracia do sofrimento, uma excelência da dor".[30] Há aqueles para quem o responsável é o cristianismo, com sua visão escatológica de esperança, que administra o *coup de grâce*, assim como estudos – como *The Modern Temper* [*O temperamento moderno*], de Joseph Wood Krutch –, para os quais os assassinos em questão são a ciência e o secularismo. Quão trágica é a morte da tragédia – se seu fim deve ser lamentado como uma perda dolorosa – é uma questão para debate. Ao analisar o livro *Metateatro: uma nova visão da forma dramática*, de Lionel Abel, Susan Sontag compartilha a visão do autor de que a morte da tragédia não é motivo de consternação, mesmo porque, na opinião dela, a tragédia nunca foi uma corrente central do teatro ocidental.[31]

---

28 Ver Freud, The Interpretation of Dreams. In: Strachey (Ed.), *The Standard Edition of the Complete Psychological Works of Sigmund Freud*, v.4, p.262.

29 Halpern, *Eclipse of Action*, p.2.

30 Ver Steiner, "Tragedy", Reconsidered. In: Felski (Ed.), *Rethinking Tragedy*, p.37.

31 Ver Sontag, The Death of Tragedy. In: ______, *Against Interpretation*.

Albert Camus considera a perda de um senso de ordem e restrição nos tempos modernos como fatal para o espírito trágico, que não pode prosperar sem que os indivíduos sejam severamente lembrados dos limites de seus poderes.[32] Agnes Heller e Ferenc Fehér veem o fim da tragédia como seguindo de perto os calcanhares da morte de Deus, em vez de ver o alto estilo trágico como a compensação a uma divindade ausente. O mundo moderno é o teatro do *deus absconditus*, um abismo ontológico no qual a liberdade e a dignidade trágicas desapareceram sem deixar vestígios.[33] Há também aqueles para quem a tragédia não pode sobreviver ao Holocausto, ou à perda generalizada de significado da modernidade tardia, ou à subjetividade profunda e descentralizada do pós-modernismo.[34] Em contraste, *A tragédia moderna*, de Raymond Williams, uma réplica a Steiner em seu próprio título, vê a arte trágica mantendo o vigor no século XX.

George Steiner recrimina tanto o cristianismo quanto o marxismo por terem colaborado para o declínio da tragédia: "O menor toque de qualquer teologia que tenha um Céu compensador para oferecer ao herói trágico é fatal".[35] Nesse cálculo, uma das figuras trágicas mais comoventes da ficção inglesa – Clarissa, de Samuel Richardson, que acredita devotamente na vida após a morte – não é trágica de forma alguma, nem Hamlet, se ele realmente acredita que a felicidade no sentido de paraíso, em vez de esquecimento misericordioso, é onde está o seu destino. Tanto o marxismo quanto o cristianismo são fundamentalmente esperançosos, enquanto a tragédia termina mal na visão de Steiner. No entanto, isso é certamente duvidoso. Aristóteles fala de uma transição da miséria para a felicidade, bem como o inverso. A *Oresteia* termina com uma nota positiva: boa parte do drama trágico mistura uma tensão de esperança, embora

32 Ver Camus, On the Future of Tragedy. In: ______, *Lyrical and Critical Essays*.

33 Heller; Feher. *The Grandeur and Twilight of Radical Universalism*, p.311.

34 Para uma pesquisa útil sobre o tema, ver Van Laan, The Death of Tragedy Myth, *Journal of Dramatic Theory and Criticism*, p.5-31.

35 Steiner, *The Death of Tragedy*, p.129.

tímida e provisória, com a lamentação. O que é trágico não é apenas uma conclusão calamitosa, como Steiner parece imaginar, mas o fato de que homens e mulheres devem ser arrastados pelo inferno para serem redimidos; que muitos deles, como Édipo e Lear, não sobreviverão a esse processo purgatorial; e que, mesmo que sobrevivam, não há garantia de que emergirão dele em forma espiritual mais animada. Além disso, o que é trágico não é simplesmente o trauma de ruptura e reconstrução, mas o fato de que isso é necessário em primeiro lugar. Somente porque a nossa humanidade está tão desfigurada, e a autoilusão tão profundamente enraizada, é que esses batismos de fogo são essenciais. Seria melhor se os reformistas estivessem certos e pudéssemos evoluir para um futuro de justiça e camaradagem sem a necessidade de autoexpropriação radical. Infelizmente, aqueles que sustentam essa visão são os verdadeiros fantasistas utópicos, enquanto os realistas impassíveis são os que veem a tragédia como um esforço para contemplar a cabeça da Medusa do Real sem serem transformados em pedra.

Tanto o marxismo quanto o cristianismo são de fato doutrinas trágicas, mas isso não é porque eles preveem um fim desastroso para a história. É porque eles estão conscientes do preço terrível que um mundo injusto deve pagar por sua redenção. O chamado Novo Testamento é notável por ser um documento trágico, mas não heroico. Não há nada de minimamente nobre ou edificante na morte sórdida de seu protagonista marginal, uma morte tradicionalmente reservada pelo poder imperial romano para insurgentes políticos. Kathleen M. Sands escreve que "a fé teísta é precisamente a convicção de que a tragédia é apenas aparente e que as perdas contadas na tragédia não são realmente definitivas";[36] mas, embora o sofrimento possa ser finalmente superado, isso só pode acontecer se a sua realidade for confrontada, e é essa dupla ótica que tanto os pessimistas quanto os panglossianos falham em reconhecer. O corpo ressuscitado de Jesus, ainda

---

36 Sands, Tragedy, Theology, and Feminism. In: Felski (Ed.), *Rethinking Tragedy*, p.89.

carregando as marcas de suas feridas, não pode anular o fato de sua tortura e humilhação. Nem mesmo Deus pode mudar o passado. Ele não pode fazer com que aqueles que morreram em tormento tenham realmente morrido em regozijo. É verdade que a fé cristã oferece a promessa de um futuro além da tragédia – um mundo em que tudo o que estiver rompido será reconstituído, aqueles que choram serão consolados e todas as lágrimas serão enxugadas –, mas esse futuro só pode ser alcançado por meio da passagem através da morte e do abandono.

Quanto a Marx, aqueles que afirmam que "ele repudiou todo o conceito de tragédia"[37] ignoram, entre outras coisas, seu horror à destruição dos tecelões ingleses de teares manuais, a qual ele vê como um processo profundamente trágico, bem como seu comentário de que o capitalismo surge escorrendo sangue por todos os poros. Gilles Deleuze está enganado, portanto, ao afirmar que "a dialética em geral não é uma visão trágica do mundo, mas, ao contrário, a morte da tragédia, a substituição da visão trágica por uma concepção teórica (com Sócrates) ou uma concepção cristã (com Hegel)".[38] Marx é um dialético para quem a elaboração do conflito envolve perdas irreparáveis. Aqueles que pereceram na luta de classes não serão recompensados por quaisquer sucessos que seus descendentes sejam capazes de registrar. Em *A tragédia moderna*, Raymond Williams considera as revoluções anticoloniais do século XX como constitutivas de uma única ação trágica estendida no espaço e no tempo; mas ao chamá-las de trágicas ele não quer dizer que essas insurreições foram derrotadas, ou que foi loucura lançá-las em primeiro lugar. Ele quer dizer, antes, que os crimes do colonialismo foram tão monstruosos que resolvê-los envolveu uma luta até a morte, e aqui reside a tragédia.[39] Que a vida deva surgir da morte não é motivo para comemoração, mas é preferível a não haver vida alguma.

---

37 Leonard, *Tragic Modernities*, p.10.

38 Deleuze, *Nietzsche and Philosophy*, p.18.

39 Ver Raymond Williams, *Modern Tragedy*, p.61-67.

O Steiner de *The Death of Tragedy* [*A morte da tragédia*] insiste que a tragédia implica valor, mesmo que também a questione. Não lamentamos a perda do que consideramos sem valor. A morte de um inseto não é uma ocasião para a retórica *raciniana*. Talvez a tragédia final fosse uma condição na qual estivéssemos tão descuidados com o valor humano que não seríamos mais capazes de lamentar. "[O] homem [trágico]", comenta Steiner, "é enobrecido pelo rancor vingativo ou pela injustiça dos deuses. Não o torna inocente, mas o santifica como se tivesse passado pela chama."[40] Mais tarde, no entanto, defendeu que qualquer exaltação desse tipo significa a ruína da tragédia. Até mesmo Shakespeare, com a única exceção de *Timon de Atenas*, demonstra-se, nessa visão deprimente, insuficientemente sombrio para se qualificar para a chamada arte trágica "absoluta", na qual "a nulidade devora como um buraco negro".[41] Se a tragédia deve ser absoluta, o que dizer daquelas situações em que as esperanças de alguém poderiam ter sido preenchidas, mas estão, na verdade, frustradas? Isso não é mais pungente do que uma esperança estéril desde o início? Jude Fawley, de Thomas Hardy,[42] morre tendo consciência de que há planos para fundar uma faculdade para trabalhadores na universidade que o excluiu, fato que empresta uma ponta mais afiada ao seu próprio fracasso, ao mesmo tempo que qualifica qualquer desespero absoluto.

Há, de fato, notavelmente poucas tragédias de inclinação niilista inflexível – certamente não *Timon*, a menos que se leia a peça endossando, de forma absurda, a misantropia enlouquecida de seu protagonista –, mas, aos olhos de Steiner, tais instâncias de melancolia incessante são definitivas da forma. O menor lampejo de positividade provavelmente dará conforto aos defensores obstinados da engenharia social. Ele poderia ter listado em seu apoio os

---

40 Steiner, *The Death of Tragedy*, p.10.

41 Steiner, "Tragedy", Reconsidered, p.40.

42 Protagonista da obra *Judas, o obscuro*. (N. E.)

dramaturgos do *Trauerspiel*[43] examinados em *A origem do drama trágico alemão*, de Walter Benjamin, que, em uma Europa devastada pela Guerra dos Trinta Anos, apresentam a existência humana como vazia e vã. Em vez disso, propõe o *Woyzeck* implacavelmente triste de Büchner como exemplar do modo trágico, embora seu protagonista esteja longe de ser nobre, o tipo de herói trágico que Steiner geralmente prefere. A peça também data de bem depois da época em que *The Death of Tragedy* supõe que a tragédia tenha expirado, expulsa por uma aliança profana entre ciência, racionalismo, secularismo, democracia e a brutalização da linguagem por uma modernidade degradada. Elogios profusos também são feitos à obra de Kleist, Hölderlin e Wagner, embora, assim como Büchner, todos os três escrevam depois do momento em que se diz que a tragédia se calou.[44]

Para o Steiner inicial, a tragédia depende de uma noção de ordem cósmica. Em sua visão posterior, no entanto, isso não parece mais ser o caso; em vez disso, ela confronta a realidade de um mundo estéril. É uma arte que não pode acomodar a justiça, a recompensa, a providência ou a restituição. Essa, talvez, seja uma reação excessiva àqueles para quem a arte trágica é essencialmente sobre reconciliação, caso que veremos mais adiante. O problema, no entanto, é que ele identifica a tragédia com o pessimismo, equação rejeitada com desdém por Nietzsche, a quem Steiner é tão (ainda que tacitamente) devedor e profundamente em desacordo com a tradição do pensamento trágico que ele herda. Para essa herança, há algo a ser ganho em superar os otimistas inexperientes, mas não ao custo de abandonar toda a possibilidade de edificação.

43 "Tragédia". Em alemão no original. (N. E.)

44 Talvez eu deva acrescentar, por uma questão de justiça intelectual, que Steiner é um dos comentaristas de tragédia que mais gosto de ler. Não, como deve estar claro, porque concordo com muito do que ele afirma, mas por seu estilo de prosa magnificamente polido, cheio de brio, bravura, retórica imponente, voltas lapidares de frase e toques verbais brilhantemente inventivos. Ele é um dos últimos em uma tradição do crítico como escritor criativo.

O conservadorismo de Steiner, portanto, o leva a argumentar dois casos mutuamente incompatíveis, um no início de sua carreira e o outro mais tarde. Para o Steiner antigo, a tragédia sobrevive enquanto homens e mulheres são forçados a se submeter às leis de algum desígnio cósmico; para o Steiner posterior, o mundo carece de todo esse padrão providencial, e a tragédia é a forma artística suficientemente corajosa para proclamar essa verdade desanimadora. De qualquer forma, a ideia de tragédia emite uma repreensão aos liberais e aos radicais; seja porque, como racionalistas filisteus, eles rejeitam todo o senso de mistério e transcendência, ou porque eles, de forma iludida, sustentam que há significado e valor suficientes para que o mundo seja alterado de forma viável. O caso é inconsistente também de outras maneiras. De todos os dramaturgos modernos, Samuel Beckett retrata a morte do significado mais graficamente do que qualquer outro, mas Steiner descarta sua obra, considerando-a deficiente e monótona. Além disso, se qualquer forma de esperança é inimiga do espírito trágico, por que a crença cristã é tão central no contexto renascentista em que a grande tragédia prosperou?

Se a tragédia sobrevive ou não aos gregos antigos depende, entre outras coisas, do que se quer dizer com o termo. Se Sófocles e Tchekhov são trágicos em sentidos bem diferentes, então a questão da continuidade é complicada. "A tragédia", escreve Raymond Williams, "não é um tipo de fato único e permanente, mas uma série de experiências, convenções e instituições."[45] Se é assim, no entanto, então somos obrigados a perguntar por que chamamos todas essas experiências, convenções e instituições pelo mesmo termo. O nome é tudo o que elas têm em comum ou denota um único fenômeno? É uma disputa entre os nominalistas e os essencialistas, ou os historicistas e os universalistas. Aristóteles pertence ao último campo em sua crença de que a poesia é uma forma mais universal do que

45 Raymond Williams, *Modern Tragedy*, p.45-46.

a história, enquanto outros adotam uma visão historicamente mais relativa. Friedrich Hölderlin defende um vínculo orgânico entre a tragédia grega antiga e o republicanismo, convencido de que somente com a recriação de tais condições políticas a arte trágica pode prosperar novamente. A Revolução Francesa, portanto, oferece a possibilidade de seu renascimento. Enquanto isso, a tragédia, na visão de Hölderlin, definhou. Ela declinou de sua antiga grandeza para o sentimentalismo e o sensacionalismo.[46] Há um sentido em que isso também é verdade para Karl Marx, que, na célebre passagem de abertura de *O 18 brumário de Luís Bonaparte*, contrasta sardonicamente o espírito nobre da antiga república romana com as tentativas espalhafatosas dos revolucionários burgueses modernos de se enfeitarem com suas vestes. Levados a se enganar sobre o escasso conteúdo de suas próprias insurreições, eles se esforçam em uma mistura de farsa e *páthos* "para manter a paixão deles no alto plano da grande tragédia histórica".[47]

Em *A origem do drama trágico alemão*, Walter Benjamin insiste na especificidade histórica da tragédia, argumentando que apenas a variedade grega antiga realmente merece o termo. A filosofia da tragédia, ele critica, é um discurso desistoricizante, reduzindo a tragédia a um conjunto generalizado de sentimentos em condições históricas bastante diferentes. "O trágico" não existe. Não há nada no teatro moderno que remotamente se assemelhe a Ésquilo ou Sófocles. O *Trauerspiel* alemão do século XVII, por outro lado, está explicitamente vinculado ao seu contexto histórico. Em um estudo intitulado *Hamlet or Hecuba?* [*Hamlet ou Hécuba?*], o filósofo Carl Schmitt é igualmente cético em relação a uma visão universalista da arte, sobretudo porque a era moderna é incapaz de produzi-la. O erudito clássico Jean-Pierre Vernant insiste que a tragédia é particular aos gregos antigos e que, apenas um século ou mais depois, o próprio

46 Ver Hölderlin, *Essays and Letters*, p.146.
47 Marx, *The Eighteenth Brumaire of Louis Bonaparte*, p.11.

Aristóteles é incapaz de realmente entendê-la.[48] Bernard Williams também considera a tragédia como específica da Grécia antiga, mas sugere que as noções éticas modernas se aproximam da visão grega da vida humana.[49] As teorias da tragédia também podem fazer parte dos contextos históricos: na visão de Simon Goldhill, a filosofia da tragédia de Hegel apela às normas e aos valores coletivos da tragédia grega antiga como resposta ao universalismo abstrato e ao individualismo de Immanuel Kant. "Para Hegel", sustenta Goldhill, "a tragédia é porta de entrada para repensar a noção de sujeito de Kant."[50] As teorias trágicas alemãs que examinaremos a seguir propõem uma ideia universal de tragédia, mas essa visão em si é produto de um momento histórico único.

É possível sustentar uma ideia essencialista da tragédia enquanto também se afirma que, como forma dramática, ela desapareceu há muito tempo. Por esse ângulo, a tragédia captura a realidade da condição humana, mas as condições artísticas e históricas não são mais favoráveis para sua representação no palco. Se a tragédia é parte do espírito humano em geral, então é difícil ver como ela pode morrer; e ela só pode se manifestar artisticamente em certos momentos históricos importantes. É possível, no entanto, que a escolha entre o historicismo e o universalismo, ou o nominalismo e o essencialismo, seja desnecessária. Talvez seja verdade, com o devido respeito aos essencialistas, que não haja uma única característica que todas as tragédias compartilhem. Nem todas as obras que chamamos de trágicas apresentam um destino malévolo ou a queda dos poderosos, uma falha fatal ou insinuações do Absoluto, uma exaltação do espírito ou um Deus ausente. No entanto, há tópicos sobrepostos e semelhanças familiares suficientes entre as chamadas obras trágicas para que

48 Vernant; Vidal-Naquet, *Myth and Tragedy in Ancient Greece*, p.33.

49 Ver Bernard Williams, *Shame and Necessity*, p.16-17.

50 Goldhill, Simon. The Ends of Tragedy. In: Billings; Leonard (Ed.). *Tragedy and the Idea of Modernity*, p.233.

o caso nominalista seja igualmente implausível. Sem dúvida, todos os textos que denominamos de trágicos têm uma característica em comum, a saber, algum tipo de aflição ou adversidade, e nesse ponto os essencialistas estão certos. Até Raymond Williams, tendo lançado dúvidas sobre a ideia de uma essência trágica em um estudo, modifica sua posição em outro, argumentando que "o conceito de tragédia ainda representa um agrupamento razoável de obras, embora difícil, de certo modo em torno da morte e do sofrimento extremo e da desintegração".[51] Mas a diversidade de tal sofrimento o reduz ao mais fino dos denominadores comuns, o que por sua vez deve satisfazer o mais entusiástico culturalista ou historicista. Além disso, a comédia não é estranha à dor e à angústia, como Shylock e Malvólio[52] podem atestar.

A tragédia, no sentido cotidiano de fracasso e colapso, é, de fato, universal. Nem mesmo a mais utópica das ordens sociais seria intocada por ferimentos mortais, desejos frustrados e relacionamentos rompidos. O preço de rejeitar uma visão como a morte de príncipes por um sentido mais comum do termo é que certos tipos de tragédia se tornam irreparáveis, o que pode não ser o caso se estiver confinado aos assuntos de uma elite. Os príncipes podem deixar de travar guerras, mas não há um término aparente para a mágoa ou o ciúme sexual. Pode-se despojar o trágico de seu privilégio, então, mas apenas ao custo de aceitar que parte dele veio para ficar. O câncer sem dúvida será curado, mas a morte não. Talvez devêssemos hesitar antes de desejar uma vida além da tragédia, já que uma das maneiras mais seguras de alcançá-la seria perder nosso senso de valor. No entanto, mesmo que sempre haja esperanças arruinadas e ferimentos irreversíveis, não se segue que haja uma linhagem ininterrupta de arte que dramatize essas coisas da mesma maneira; e já notamos que a arte trágica não é, de forma alguma, comum a todas as civilizações.

51 Raymond Williams, *Politics and Letters*, p.212.

52 Personagens de, respectivamente, *O mercado de Veneza* e *Noite de reis*, de Shakespeare. (N. E.)

Assim, a questão é se a tragédia morre ou simplesmente se transforma. Com o surgimento da sociedade de classe média, o foco começa a mudar de uma ação coletiva para o herói individual. Para Friedrich Schelling, como veremos mais adiante, a ação trágica é internalizada, psicologizada e individualizada de uma forma em desacordo com o antigo teatro grego, ao qual ele acredita ser fiel. O que para Aristóteles é questão de ação, para Schelling é questão de consciência. Todo processo trágico deve fluir de um estado interior do ser, não de condições históricas. Conflito e rebelião são, em grande parte, assuntos internos, pois a alma solitária e superior do herói é dilacerada apenas para ser gloriosamente restaurada à totalidade. Há os críticos de mente aberta, para quem essa é uma nova versão intrigante da tradição trágica, e as almas mais puristas, para quem não é tragédia de jeito nenhum.

Em *Ou-Ou*, Søren Kierkegaard vê a marca registrada da tragédia moderna como a autorresponsabilidade absoluta – e, portanto, culpa absoluta – de um protagonista que se mantém ou cai inteiramente em virtude de seus próprios atos. Pode-se contrastar isso com a versão antiga da arte, com sua intrincada interação entre crime e inocência, o eu e o Outro, agente livre e circunstância restritiva.[53] Aos olhos de Kierkegaard, esse individualismo trágico deve ser elogiado. Ele representa um ganho sobre o que aconteceu antes. Esse não é o caso de Hegel, no entanto, que argumenta em sua *Estética* que a tragédia moderna individualiza o conflito de forma que o reduz a um caso puramente externo e acidental. O herói trágico da Antiguidade é uma espécie superior de ser, alguém que é criado acima do cidadão médio e está sujeito à necessidade de uma maneira especial. Tais figuras são, de acordo com Hegel, o meio de forças histórico-mundiais, mas isso não pode ser dito dos personagens mais intensamente psicologizados do palco trágico moderno. A arte trágica de Shakespeare, por exemplo, não surge do desenrolar rigoroso do destino, mas de

53 Ver Kierkegaard, *Either/Or*, esp. p.140-9.

circunstâncias infelizes que sempre poderiam ter sido diferentes. A reconciliação torna-se um assunto mais interno e psicológico, como acontece com os críticos neo-hegelianos (por exemplo, A. C. Bradley em *A tragédia shakespeareana*). Com o desaparecimento da ideia de destino, desbaratada por um senso moderno do fortuito e do contingente, a arte de um Ésquilo ou um Sófocles não é mais possível. É um preconceito que Hegel compartilha com o adversário filosófico Friedrich Nietzsche, para quem a tragédia moderna deixou de ser uma arte da esfera pública e, em vez disso, foi individualizada e conduzida para a esfera privada. As esperanças de Nietzsche no renascimento de uma cultura trágica giram em torno da renovação da esfera na qual o surgimento de uma mitologia compartilhada desempenhará papel vital.

A morte da tragédia pode, às vezes, ser um código para a morte da tragédia grega. Alguns daqueles que identificam a arte com o teatro de Ésquilo, Sófocles e Eurípides tendem a anunciar seu fim quando encontram tragédias concebidas em diferentes circunstâncias históricas. Esse é certamente o caso de *A Short View of Tragedy: Its Original Excellence and Corruption* [*Uma breve visão da tragédia: sua excelência original e corrupção*] (1693), de Thomas Rymer, como o título sugere. É como se alguém declarasse que a poesia está morta porque não é mais invariavelmente composta em dísticos heroicos, ou que o Boeing não é uma aeronave porque não é um Tiger Moth. Fomos informados com bastante frequência que deuses, mitos, destino, protagonistas de alta linhagem, um espírito de exaltação e um senso do numinoso são essenciais para a tragédia, mas geralmente não nos dizem o porquê. Talvez o papel dos olímpicos na tragédia grega seja demonstrar a coragem dos que desafiam seus esquemas malévolos ou se submetem bravamente ao destino que decretam; mas é possível dramatizar tais virtudes sem um panteão de divindades moralmente desonrosas à mão, e boa parte da tragédia posterior faz precisamente isso.

Longe de acabar com a tragédia, a modernidade pode muito bem ter lhe emprestado um novo sopro de vida. Antes de mais nada, ela inflou imensuravelmente as fileiras de potenciais protagonistas trágicos. Em uma era democrática, qualquer um arrancado da rua e colocado em um apuro intolerável é um possível candidato. Como Rita Felski observa, "nessa visão democratizada do sofrimento, a alma de um bancário ou de uma balconista se torna campo de batalha no qual forças importantes e incalculáveis se desenrolam".[54] Horácio aconselha os poetas a não permitirem que os deuses falem com sotaques plebeus, e sem dúvida os heróis trágicos também não deveriam, mas quando se trata de heróis modernos, deixamos de lado esse toque de esnobismo. Do Iluminismo em diante, somos confrontados com a proposição alucinante (longamente antecipada pelo cristianismo) de que homens e mulheres devem ser valorizados somente por sua filiação à espécie humana, não por sua posição, caráter, gênero ou origem étnica.

Nesse sentido, é a diferença que pode ser reacionária, não a identidade. Arthur Miller aponta que a teoria psicanalítica desempenha certo papel nesse credo revolucionário, uma vez que as estratégias do inconsciente são indiferentes às divisões sociais.[55] Fonte antiga tanto da comédia quanto da tragédia é o fato de que qualquer um pode desejar qualquer outra pessoa. O desejo não respeita distinções sociais, o que também é verdade para o seu terrível gêmeo freudiano, a morte. Mesmo assim, a ideia de que qualquer um pode ser sujeito de tragédia pode ter implicação menos positiva. Pode significar que a tragédia seja a única conquista excepcional que está ao alcance das pessoas comuns. É isso que Eugene O'Neill tem em mente quando escreve: "A tragédia do Homem é talvez a única coisa significativa sobre ele. [...] A vida individual se torna significativa apenas pela

54 Felski (Ed.), *Rethinking Tragedy*, p.9.

55 Ver Miller, Tragedy and the Common Man. In: ______, *The Theater Essays of Arthur Miller*, p.215.

luta".[56] A era moderna está tão moralmente falida que um fim trágico é o único valor a que a maioria de nós pode aspirar.

Existem outras razões pelas quais a modernidade pode facilitar a tragédia em vez de frustrá-la. Estamos recentemente cientes dos limites da razão, da fragilidade e da opacidade do sujeito humano outrora soberano, de sua exposição a forças enigmáticas além de seu controle, das restrições impostas à sua agência e autonomia, de sua fonte em um Outro anônimo que parece inexpressivamente indiferente ao seu bem-estar, do inevitável conflito de bens em uma cultura pluralista, da densidade complexa de uma ordem social na qual o dano humano pode se espalhar como febre tifoide. Essa é uma condição não totalmente remota da condição de uma cultura pequena e fortemente interligada como a Atenas das tragédias. Em tempos pós-freudianos, também podemos achar possível perguntar quem está realizando determinada ação, mesmo que a resposta em nosso caso não seja Hera ou Zeus, ou se não há algum hiato fatal entre a intenção e o efeito embutido em nosso comportamento. Unidos em um planeta globalizado, um senso de pecado original – o conhecimento de que nós, como inocentes culpados, não podemos nos mover na malha espessa de conexões sem involuntariamente causar dano a alguém, em algum lugar – encena um retorno. Há também a questão de se o planeta sobreviverá ao ato final de arrogância da humanidade, seja na forma de desastre ecológico ou devastação nuclear. Essa é a natureza do "poder que um homem invoca contra seu próprio ser quando lhe dá as costas", como Hegel coloca.[57] Além disso, ao alimentar tais aspirações faustianas, a modernidade corre o risco de testemunhar seu ignominioso colapso. Nenhum período histórico liberou poderes humanos tão abundantemente quanto a era moderna, e nenhum corre, portanto, mais risco de ser dominado pelas forças que ele desencadeia. Como Max Weber observa:

56 Apud Raymond Williams, *Modern Tragedy*, p.116.
57 Apud Paolucci; Paolucci (Ed.), *Hegel on Tragedy*, p.50.

"A multidão de deuses antigos, desencantados e, portanto, na forma de forças impessoais, estão saindo de seus túmulos, lutando pelo poder sobre nossas vidas e retomando a sua eterna luta uns com os outros".[58]

Por toda a insensibilidade ao sofrimento humano, há algo a ser dito sobre a alegação aparentemente perversa de que a tragédia é um modo afirmativo (uma vez que foi despojada de todo um conjunto de suposições duvidosas): que isso ocorre porque retrata o triunfo do espírito humano indomável, que confrontar a adversidade deve ser invariavelmente moderado e contido, que somente em tal extremo a essência da humanidade é exposta ou que o perfil de uma ordem providencial pode ser visível através do que pode parecer, à primeira vista, puro infortúnio. Essas não são as maneiras mais convincentes pelas quais a tragédia pode inspirar seu público. Antes, trata-se de que o espetáculo daqueles que estão em perigo mortal ou dor atroz pode renovar nosso senso de valor da humanidade que está sob cerco. Mesmo assim, o que os filósofos da tragédia em geral deixam de acrescentar é que há outras maneiras igualmente frutíferas de relembrar o que prezamos sobre os seres humanos, que não apreciamos seu valor apenas os observando morrer.

Há aqueles, como Jacques Lacan e Slavoj Žižek, para quem o *gulag* e o Holocausto não podem ser descritos como trágicos, já que o horror que eles revelam é tão profundo que não é possível ser sublimado em dignidade trágica.[59] Descrever os confinados atingidos dos campos nazistas como trágicos, afirma Žižek, é uma obscenidade moral. É como se o mero ato de atribuir significado a tais ultrajes fosse um gesto de traição. Mas o sem sentido é o absurdo, e o *gulag* e o Holocausto certamente não foram isso. Afirmar que eles fazem algum tipo de sentido não é, por isso, investi-los de valor. O inteligível não é o mesmo que o moralmente aceitável. Há os que temem

58 Gerth; Mills (Ed.). *From Max Weber*, p.149.
59 Ver Žižek, *The Fragile Absolute*, p.40.

que falar coerentemente sobre os campos de concentração seja conspirar com as formas repressivas da razão que ajudaram a criá-los. No entanto, a racionalidade também desempenhou papel fundamental para pôr fim a essas atrocidades. Em todo caso, não é como se enfrentássemos uma escolha entre o totalmente sem sentido, por um lado, e o lucidamente significativo, por outro.

Não é preciso abraçar o absurdo para rebaixar algum grande esquema de significância, embora possa haver um elemento do ridículo na mais exaltada das tragédias. A tragédia grega antiga está ciente de que há algo que transcende a construção de sentido, mas isso não quer dizer que as atrocidades humanas derrotem todo o raciocínio. Tomás de Aquino sustenta que, quando falamos de Deus, não sabemos do que estamos falando, mas, mesmo assim, preenche grande número de volumes sobre Ele. Para Freud, o não significado reside na raiz do significado, mas isso não é motivo para abandonar a significação.

Em todo caso, com o devido respeito a Žižek, não há necessidade de um evento envolver dignidade ou nobreza para que ele seja qualificado como trágico. É necessário, com certeza, que envolva um senso de valor, mas isso não precisa se manifestar em alguma grandeza de espírito nas figuras que vemos no palco. Podemos ser nós, o público, que atuamos como guardiões de sua humanidade quando as figuras em cena sentem que ela está escapando delas. Eugene O'Neill afirma que a tragédia deve ter uma "nobreza transfiguradora" sobre ela,[60] mas ele falha em notar essa distinção entre a experiência dos personagens e a do público. Os prisioneiros de Belsen ou Buchenwald não tiveram que morrer santificados por seus sofrimentos, ou com uma corajosa resignação ao seu destino, ou conscientes de si como figuras históricas mundiais, ou exultantes no pensamento de que, embora eles pudessem perecer, o próprio espírito humano é

60 Apud Raymond Williams, *Modern Tragedy*, p.116.

invencível, para ganhar o título de trágico. Eles somente tiveram que ser homens e mulheres em uma situação intolerável. A verdade banal é que não é preciso fazer nada em particular para se qualificar como um protagonista trágico. É preciso simplesmente ser um ser humano no fim de seu limite. Não é preciso ser virtuoso, apenas virtuoso o suficiente para não merecer a miséria à qual se é reduzido. A tragédia, na frase schopenhaueriana, é a fábula de um grande infortúnio. Não importa se ocorre dentro ou fora do palco, se é visitado por Zeus ou acontece por puro acidente,[61] se o protagonista é uma princesa ou um motorista, se você planeja a própria queda ou é abatido por outros, se o evento resulta em reconciliação ou em um impasse, ou se testemunha um espírito humano transcendente. Na maior parte das vezes, é o público em geral, fiel a esses princípios, que usa a palavra "tragédia" da maneira mais produtiva, e são os teóricos que normalmente falham.[62]

A tragédia apresenta seres humanos em estados extremos, o que é, sem dúvida, uma das razões pelas quais o Modernismo, que está muito preocupado com o que se poderia chamar de Sala 101 do espírito humano,[63] é tão favorável à forma. Como J. M. Coetzee observa em *À espera dos bárbaros*: "a última verdade é dita apenas na última extremidade". É a visão do torturador sobre a humanidade, a que assume que a verdade e a vida cotidiana são antitéticas. Dessa maneira, o protagonista trágico é lançado em uma situação que faz que suas ilusões rotineiras e os compromissos comuns caiam como muitos farrapos, enquanto ele é levado face a face com a verdade

61 Como comenta o crítico russo do século XIX N. G. Tchernichevsky: "O trágico não tem nada essencialmente em comum com a ideia de destino ou necessidade. Na vida real, a tragédia é mais comumente acidental, [e] não segue como consequência necessária de eventos precedentes" (apud Becker (ed.), *Documents of Modern Literary Realism*, p.78). É uma observação rara entre os comentaristas sobre tragédia.

62 Para o uso habitual da palavra "tragédia", ver Pirro, *The Politics of Tragedy and Democratic Citizenship*, p.12-14.

63 Referência a *1984*, de George Orwell. (N. E.)

de sua identidade. Como veremos em um capítulo posterior, Willy Loman[64] de Arthur Miller é um espécime misto. Willy se apega à sua falsa consciência até o fim; no entanto, ao se negar a recuar dessa identidade falsa, ele também se nega a desistir de sua exigência do reconhecimento que uma sociedade corrupta é incapaz de satisfazer. É essa tenacidade aterrorizante, ao mesmo tempo corajosa e iludida, que o leva à solidão e à morte.

Nesse sentido, Loman exibe uma intransigência admirável, mas alarmante, que persegue o palco trágico tão cedo quanto os protagonistas obstinados, rabugentos e magnificamente inflexíveis de Sófocles. Há certa tradição de figuras trágicas que são movidas por alguma compulsão interna para permanecerem leais a um compromisso que envolve todo o seu ser e que prefeririam ser arrastadas para a morte em vez de ceder a um desejo que prezam mais do que a própria existência. É isso que Jacques Lacan chama de desejo do Real, uma forma de anseio em que Eros e Tânatos estão intimamente interligados.[65] Em nenhum lugar essa recusa é mais óbvia do que na leitura lacaniana da Antígona de Sófocles, uma figura que em *A ética da psicanálise*, Lacan considera como habitante de algum reino transcendente além da razão, da ética e da significação, um avatar enigmático do Absoluto que se posiciona no limite extremo da ordem simbólica e não pode suportar estar sujeito à sua lei. Dado que a

---

64 Personagem de *A morte do caixeiro-viajante*. (N. E.)

65 Como usarei a tríade lacaniana de Imaginário, Simbólico e Real neste estudo, uma nota explicativa sobre esses conceitos talvez seja necessária. Por Imaginário, Lacan quer dizer nossas relações comuns com objetos, incluindo outras pessoas, que envolvem características como reflexão, semelhança, rivalidade, correspondência, identificação e coisas do gênero, e que contêm um grau inescapável de ilusão e distorção. O Simbólico (ou ordem simbólica) é o reino da linguagem, parentesco, papéis sociais e regulamentos pelos quais nos é atribuída uma identidade, enquanto o Real, que é, estritamente falando, irrepresentável, significa o trauma da separação da mãe e da submissão à Lei do Pai, pela qual alcançamos a identidade individual (uma ferida primordial que gera o processo de falta e perda que chamamos de desejo, e que também pode ser vista como a abertura do inconsciente e o desencadeamento do instinto de morte).

morte também espreita nessa fronteira, não é surpreendente que ela e a heroína se encontrem em termos tão íntimos.[66]

Fiel a essa leitura, Slavoj Žižek afirma que Antígona representa uma "fidelidade incondicional à Alteridade da Coisa que perturba todo o edifício social".[67] No confronto entre Creonte e Antígona, comenta Žižek, não há "nenhum diálogo, nenhuma tentativa (por parte de Antígona) de convencer Creonte das boas razões para seus atos por meio de argumentos racionais, apenas a insistência cega em seus direitos".[68] Somos convidados a admirar uma personagem surda à razão, desdenhosa da sociedade humana, arrogantemente inflexível em sua suprema autoconfiança, arrebatada pela ideia da morte, altivamente desdenhosa da virtude menor, mas honrosa da prudência e sem nenhuma compreensão muito firme de sua motivação. O ato de desafiar Creonte é de pura recusa e rebelião, um evento "milagroso" que atinge os fundamentos da ordem social. Se for assim, então não está claro por que ela é apresentada pela peça como agindo em obediência à obrigação consagrada pelo tempo e à vontade dos deuses.

É impressionante como essa figura idealizada, que às vezes navega de forma embaraçosa perto do pseudoexistencialista adolescente da versão de Jean Anouilh da peça de Sófocles, está tão exatamente alinhada com a leitura espiritualmente elitista da tragédia que já consideramos. A interpretação lacaniana de *Antígona* é legatária dessa linhagem conservadora, ao mesmo tempo que lhe empresta uma reviravolta aparentemente radical. O desdém agudo de Lacan pela vida cotidiana é característica comum do pensamento francês de esquerda, com devoção a algum ato puro, verdade superior, recusa

---

66 Para um relato da leitura de *Antígona* por Lacan, ver Krell, *The Tragic Absolute*, cap.11.

67 Žižek, *Did Somebody Say Totalitarianism?*, p.157. Para uma crítica do enfoque de Žižek sobre *Antígona*, ver Stavrakakis, *The Lacanian Left*, p.114-134. Para um conjunto esclarecedor de ensaios sobre *Antígona*, ver Wilmer; Zukauskaite (Ed.), *Interrogating Antigone in Postmodern Philosophy and Criticism*.

68 Žižek, *Did Somebody Say Totalitarianism?*, p.158.

inflexível, gesto gratuito, violência purificadora, rebelião absoluta ou culto glamouroso de autenticidade. Uma inconsequente nobre aversão pela prudência, pela equivalência e pelo cálculo é preferível à mentalidade calculista da pequena burguesia. O esplendor estético de um ato puro de revolta conta mais do que os atos comuns de compaixão. Em uma política de eterna revolta, uma mais boêmia do que bolchevique, o louco, violento, maligno e monstruoso subvertem as ortodoxias sombrias da sociedade suburbana.

No entanto, nem todas as ortodoxias são perniciosas, nem todas as subversões, revolucionárias. A ortodoxia social atualmente inclui a proteção de minorias étnicas contra abusos e o direito de trabalhadores e trabalhadoras à greve. Em *A visão em paralaxe*, Slavoj Žižek adota a distinção elitista de Kierkegaard entre o rotineiramente ético e o autenticamente religioso.[69] No entanto, o escândalo do Evangelho cristão é que Deus está mais fundamentalmente presente não no culto, no ritual ou na experiência interior, mas no ato de visitar os doentes e de alimentar os famintos. A ideia da vida comum, difamada de forma sublime por tanta teoria da tragédia, foi na verdade inventada pelo cristianismo, que é, em alguns aspectos, uma forma de antirreligião.[70] O ético é, simplesmente, como a fé religiosa é vivida na prática cotidiana. Para aqueles que encontram um toque de banalidade nessa visão, no entanto, a ética é um domínio reservado aos plebeus espirituais deste mundo, enquanto os aristocratas da vida interior se movem em uma esfera além do bem e do mal.

Se o eterno rebelde vagueia à beira da ordem simbólica com pouco mais que desprezo por ela em seu coração, o mesmo acontece com o terrorista. O desafio de Antígona a uma autoridade injusta pode ser um ato "monstruoso", pelo menos do ponto de vista da convenção social, mas explodir cabeças de crianças pequenas se encaixa nessa descrição de forma mais exata. Os patriarcas obstinados, como

69 Ver Žižek, *The Parallax View*.

70 Ver Taylor, *The Sources of the Self*, p.213.

Creonte, oferecem um alvo fácil para as Antígonas deste mundo, mas e se tais rebeldes se encontrassem diante de uma ordem socialista-feminista? Os campeões ainda estariam tão ansiosos para honrar o ato de rejeição? A oposição entre o rebelde e a ordem política é puramente formalista. Ela obscurece a questão de qual forma de revolta está em jogo, contra qual tipo de soberania. Existem maneiras preciosas de autoridade e atos infantis de dissidência.

O que essa versão de Antígona tem a oferecer é realmente uma forma de elitismo de esquerda. De certo ponto, é uma versão radical do steinerismo até a questão da morte da tragédia. Citando o famoso ditado de Hegel de que nenhum homem é herói para seu criado, Žižek reclama que, na era moderna, "todas as posturas superiores dignas são reduzidas a motivações inferiores".[71] A Modernidade diminuiu a capacidade de sublimidade. Para ele, assim como para o Nietzsche das *Meditações intempestivas*, estamos condenados a existir em um mundo sem heróis, uma perspectiva que alegrava o coração de Bertolt Brecht. O que Žižek denomina de violência ética – situação na qual, uma vez que os pontos de vista morais são mutuamente incomensuráveis, temos que lutar contra isso em vez de tentar um acordo – deu lugar a um consensualismo desprezível. Em uma veia nietzschiana, a própria vida é Vontade de Poder, uma questão de luta e contenção. Devemos, portanto, romper com as ilusões habermasianas (ou apolíneas) de racionalidade reunindo o vigor espiritual de que precisamos para encarar o Real (ou dionisíaco) de frente.[72]

No entanto, não é verdade, como o relato conservador da tragédia assume (incluindo sua versão lacaniana), que o extremo e a vida comum estejam sempre em desacordo. O fato de que tudo continua normalmente, observa Walter Benjamin, *é* a crise.[73] George Eliot fala,

---

71 Žižek, *The Parallax View*, p.400.

72 Žižek argumenta esse caso no ensaio intitulado "A Plea for Ethical Violence", publicado no jornal on-line *The Bible and Critical Theory*, da Monash University ePress.

73 Ver Tiedemann; Schweppenhauser (Ed.). *Walter Benjamin*, v.1, p.583.

em *Middlemarch*, sobre "aquele elemento da tragédia que reside no próprio fato da frequência", ou seja, aqueles estados de desespero silencioso que geralmente são persistentes demais para que tratemos com a sensibilidade que exigem. Na sociedade da autora, eles eram geralmente a experiência das mulheres. "Se nós tivéssemos uma visão e um sentimento aguçados de toda a vida humana comum", observa Eliot, "seria como ouvir a grama crescer e o coração do esquilo bater, e morreríamos daquele rugido que se encontra do outro lado do silêncio. Da forma como é, os mais rápidos de nós andam por aí bem acrescidos de estupidez." Esse isolamento da dor certamente parece ser o caso de alguns teóricos tradicionais da tragédia.

2
Incesto e aritmética

Há muito tempo é evidente que *Édipo tirano* tem um subtexto aritmético.[1] Laio, pai de Édipo, é morto em um lugar onde três estradas se encontram; a Esfinge, que Édipo engana, é um composto de diferentes criaturas; e o enigma com o qual ela aterroriza a população local não envolve apenas números, mas transforma três fases da existência humana em uma questão. A peça contém um enigma notavelmente não resolvido sobre se Laio foi morto por um ou vários agressores.[2] Se foram vários, então Édipo não pode ser culpado de parricídio; mas é possível que nós sejamos culpados, quer tenhamos feito algo ou não, ou que nunca possamos saber com certeza se fizemos algo ou não. Como Maurice Merleau-Ponty comenta, "Toda a tragédia grega assume essa ideia de uma contingência essencial por

1 A questão é examinada com rigor exemplar em Segal, *Tragedy and Civilisation*, cap.7. Para uma discussão filosófica esclarecedora sobre enigmas em geral, ver Mulhall, *The Great Riddle*, conferência 2.

2 Embora alguns estudiosos sustentem que não há enigma e que a testemunha ocular sobrevivente mentiu quando viu que o assassino solitário havia se tornado rei.

meio da qual somos todos culpados e inocentes porque não sabemos o que estamos fazendo".[3]

Édipo, que com irritação insiste que não é mais que um, é precisamente isso: ao mesmo tempo filho e marido, pai e irmão, criminoso e legislador, rei e mendigo, nativo e estrangeiro, veneno e cura, homem e monstro, culpado e inocente, cego e perspicaz, santo e amaldiçoado, de mente rápida e pés lentos, solucionador de mistérios e um enigma indecifrável.[4] Ele é um homem brilhantemente competente em reduzir-se a nada. Como um crítico observa, Édipo exibe "uma aritmética instável do eu".[5] Nunca se pode ter certeza de quantos se é. Contar não é um exercício tão simples quanto parece, tal como sugere a discrepância sobre quantos indivíduos assassinaram Laio. Todos os homens e mulheres são descendentes de diversos ancestrais, compostos de tantas vertentes delicadamente entrelaçadas que constituem textos, na prática, ilegíveis. Em todo caso, fica claro a partir do drama de Sófocles que, com o devido respeito ao pós-modernismo, nem toda pluralidade é benigna, nem toda hibridez é angelical e nem toda insistência na identidade é esclarecida.

Como mais de um, Édipo não é mais do que qualquer outro, uma vez que todos os indivíduos, se por apenas virtude de serem sujeitos e objetos, são necessariamente não idênticos a si mesmos. Além disso, ocupar um lugar na ordem simbólica é desempenhar uma série inteira de papéis simultaneamente (mãe, tia, prima, irmã e assim por diante), como o arrogante Bottom busca fazer em *Sonho de uma noite de verão*. Em todo caso, há sempre um grau de encenação em ser si mesmo. *Édipo tirano* pode ser, entre outras coisas, uma peça sobre a interpretação de papéis, mas, como uma peça de teatro, também é exemplo material dessa duplicação (uma instabilidade da própria

3 Merleau-Ponty, *Humanism and Terror*, p.183.

4 Ver Vernant, Ambiguity and Reversal. In: Segal (Ed.), *Oxford Readings in Greek Tragedy*.

5 Zeitlin, Thebes. In: Euben (Ed.), *Greek Tragedy and Political Theory*, p.111.

identidade que explica, entre outras razões, a atitude fria de Platão em relação à performance dramática na *República*). O teatro também lida com a duplicação no sentido de refletir a pólis de volta para si mesma, de forma que, como vimos, pode desafiar e confirmar seu senso de identidade. Se o público pode se ver sob uma luz estranha, uma que tenha o poder de perturbar a autocompreensão convencional, ele também pode lutar para assimilar esse conhecimento perigoso e adaptar-se a ele.

Édipo, tal como o resto da humanidade, também está dividido entre a percepção de si e a versão de sua identidade que está sob a custódia do Outro. O que ele é desse ponto de vista (um parricida incestuoso) não é o que ele é para si, e o verdadeiro significado de sua fala involuntariamente ambígua, como acontece com qualquer declaração humana, é determinado por sua localização no Outro (todo campo da linguagem, parentesco e relações sociais), não primariamente por suas intenções conscientes. A verdade do ego não coincide com a verdade do sujeito. Algo estranho age e fala nessa figura orgulhosamente autodeterminada, persistindo como um subtexto enigmático dentro de sua fala, na verdade até mesmo dentro de seu nome, descentralizando sua identidade imaginária e, por fim, levando-o à morte.

A discrepância entre como Édipo fala e como ele é falado revela que a própria humanidade é a ironia encarnada. Faz parte dessa ironia que o que configura o sujeito consciente em primeiro lugar – o Outro ou o inconsciente social – está fadado a escapar de seu conhecimento, uma vez que não há ponto de vista do qual se possa apreendê-lo como um todo, nenhum outro do Outro. Em todo caso, o ego passa a existir por meio do ato de empurrar para o esquecimento muito do que adentra a sua criação, de modo que ele pertence à identidade de alguém que nunca pode ser inteiramente autoidêntico. Em termos psicanalíticos, nunca se pode simplesmente ser um, uma vez que, a princípio, é uma divisão primordial que traz o sujeito à existência. Quando Édipo finalmente encontra seu verdadeiro eu, ele o confrontará como a um estranho. Está mais perdido do que nunca para si mesmo quando fica face a face com a verdade de quem ele é. A crise do reconhecimento é também o momento da cegueira. O conhecimento ilumina, mas com um deslumbramento que ofusca os olhos. Quando a verdade é revelada, ela acaba sendo a verdade da ignorância e da ilusão.

Como governante, Édipo já é muitos em um, carregando a responsabilidade por toda a comunidade sobre os ombros. "Meu coração carrega o peso das minhas próprias tristezas, as suas e as de todo o meu povo", ele diz ao Sacerdote. Na aritmética peculiar do incesto, cada indivíduo também é vários em um. O tabu do incesto afirma que dois em um não procede, mas a sexualidade se recusa a se conformar com essas restrições.[6] Na reprodução sexual regular, $1 + 1 = 1$, deixando de lado os casos de prole múltipla, mas qual é a fórmula para um ato de reprodução sexual em que a parceira feminina confunde quatro papéis, sendo esposa e mãe de seu marido e mãe e avó de seus filhos; o parceiro masculino faz o mesmo, sendo filho e marido da mulher e pai e irmão de seus filhos; e a criança é filha, irmã e neta juntas? O incesto é, portanto, um caso particularmente

---

6 É notável a frequência com que o assunto do incesto surge na tragédia, sem dúvida, entre outras razões, por causa de seu puro sensacionalismo. Um inventário nada exaustivo de exemplos incluiria: *Hipólito*, de Eurípides; *Ricardo III*, *Hamlet*, *Cimbelino* e *Péricles*, de Shakespeare; *El castigo sin venganza*, de Lope de Vega; *'Tis Pity She's a Whore* [*Pena que ela seja prostituta*], de John Ford; *Women Beware Women* [*Mulheres cuidado mulheres*] e *The Revenger's Tragedy* [*A tragédia do vingador*], de Thomas Middleton; *The Atheist's Tragedy* [*A tragédia do ateu*], de Cyril Tourneur; *The Orphans* [*Os órfãos*], de Thomas Otway; *Aureng-Zebe*, de John Dryden; *Fedra*, de Jean Racine; *Mirra*, de Vittorio Alfieri; *Don Carlos*, de Schiller; *The Cenci* [*Os Cenci*], de Shelley; *Caim*, de Byron; *Ghosts* [*Fantasmas*], de Ibsen; *Desire Under the Elms* [*Desejo sob os ulmeiros*] e *Mourning Becomes Electra* [*O luto se torna Electra*], de Eugene O'Neill; e *A View from the Bridge* [*Uma vista da ponte*], de Arthur Miller. Há também indícios de incesto ou quase acidentes em: *The Broken Heart* [*O coração partido*], de Ford; *The Duchess of Malfi* [*A duquesa de Malfi*], de John Webster; e *Nathan, o sábio*, de Gotthold Lessing. Richard McCabe observa o que ele chama de "prevalência surpreendente" do tema do incesto em seu *Incest, Drama, and Nature's Law* (p.4).

impressionante de ironia, em que uma coisa é ao mesmo tempo ela mesma e mais outra coisa, e a ironia de um tipo ou de outro permeia cada fibra da obra-prima de Sófocles.

No entanto, já vimos que uma coisa ser ela mesma e mais outra – para uma mulher, por exemplo, ser ao mesmo tempo mãe, prima, tia e filha – é um aspecto constitutivo da ordem simbólica, de modo que o que quer que esteja errado com o incesto não pode ser pura multiplicidade. A transgressão de limites é uma ação rotineira. Jocasta, tentando aliviar a pressão de uma situação ruim, observa que muitos homens sonharam em dormir com a mãe deles. Além disso, para que o sistema de parentesco opere efetivamente, o incesto deve ser uma possibilidade perpétua. Se os papéis são flexíveis o suficiente para serem combinados, então trocas ilícitas provavelmente surgirão de tempos em tempos. Nesse sentido, o desviante é condição do normativo, assim como a sociedade civilizada, como o próprio Édipo com o seu pé ferido, emerge de origens violentas. O desejo que gera a ordem simbólica inicialmente pode sempre anular os preceitos que a mantêm no lugar.

O monstro é tradicionalmente uma criatura que, como a Esfinge, elide distinções, confunde diferenças e amalgama características que deveriam ser apropriadamente distintas. Como Richard McCabe observa com relação à "perda ou incerteza de identidade" implícita no incesto, "a confusão do vocabulário tradicional de parentesco acarreta uma regressão a Babel, uma confusão de valores inteligíveis".[7] Em um dos clássicos eufemismos da era moderna, Roland Barthes o descreve como uma "surpresa de vocabulário".[8] O monstro é algo que não pode retornar nenhuma resposta determinada à pergunta "O que é isso?", assim como a própria humanidade é incapaz de fazê-lo. Nesse sentido, Édipo e a Esfinge são imagens espelhadas, bem como antagonistas. Se a "humanidade" é a resposta para o

---

7 McCabe, *Incest, Drama, and Nature's Law*, p.70.

8 Barthes, *Sade, Fourier, Loyola*, p.137.

enigma da Esfinge, então o próprio Édipo, como porta-voz da espécie, está reconhecendo sua monstruosa hibridez e, portanto, sua afinidade com a Esfinge, no exato momento em que sua agilidade mental demonstra superioridade a ela.

O próprio Édipo é a resposta para o enigma, assim como ele é o criminoso que está perseguindo. Há algo levemente cômico nessa situação autorreferencial, com a sugestão de perseguir o próprio rabo inutilmente. Ela reflete a comédia mais sombria do incesto, que é assunto de algumas piadas toleravelmente boas. Sem dúvida, tal brincadeira é uma defesa contra um modo de sexualidade que abala a mente até as raízes – como observa um personagem do romance *Uma cabeça decepada*, de Iris Murdoch –, mas as relações incestuosas também exibem algo da incongruência que é parte essencial do humor. Os comentários de Édipo sobre sua condição contaminada – "filho noivo", "gerador de filhos-irmãos", "procriar onde fui criado" e coisas do tipo – soam como flechas afiadas de humor. É uma veia da *comédie noire* evidente na canção do satirista norte-americano Tom Lehrer sobre o herói de Sófocles: "Ele amava a mãe como a nenhuma outra,/ Sua filha era a sua irmã e o seu filho era o seu irmão". O enigma da Esfinge, de forma bastante semelhante, beira o tipo de provocação que se pode encontrar em um biscoito de Natal. O incesto é uma forma de economia excessiva, retratada aqui em uma peça que é um milagre de compacidade em si mesma, e, no caso de piadas, essa economia nos permite poupar energia psíquica, que é então liberada na forma de riso.

O monstruoso e o incestuoso envolvem uma confusão de categorias. No entanto, se todos os ocupantes da ordem simbólica são, em todo caso, híbridos, por que o incesto deveria ser singularizado como abominação? Uma razão é que ele representa uma ameaça à pólis. Sem relacionamentos exogâmicos, Eros, construtor de cidades, permanece preso dentro da esfera doméstica. Como observa Franco Moretti, "o incesto é aquela forma de desejo que torna impossível a troca matrimonial que, em uma sociedade em que o poder ainda está conectado a pessoas físicas, reforça e perpetua a rede de riqueza".[9] É uma paixão antissocial, divorciando o desejo de formas sociais estabelecidas e, portanto, arriscando a implosão da ordem simbólica, junto com todo o universo de significado que ela sustenta. Como distorção desse significado, o incesto é uma espécie de *nonsense* ou absurdo e, portanto, muito parecido com um enigma.

Portanto, é preciso encontrar um estranho no leito conjugal se não quisermos, como Édipo, acabar como um estranho para nós mesmos. Parte do objetivo do tabu do incesto é nos desviar do reino imaginário – ou seja, de relacionamentos envolvendo a identidade, a semelhança e o espelhamento mútuo – para o terreno do Outro. A família é um lugar de intimidade emocional, diferente do Estado político, mas também deve ajudar a sustentar o Estado (é, por exemplo, o lugar em que a força de trabalho é reproduzida) e, portanto, não pode se isolar dele. O Imaginário não pode desprezar completamente o Simbólico. Os gregos antigos eram escrupulosos em sua distinção entre afeições domésticas, ou amor aos parentes, e um apego erótico a estranhos ou não parentes. É essa oposição que o incesto enfraquece. Ela também revela o fato de que a sexualidade, nas palavras de Eric Santner, "é inerentemente perversa, inerentemente excedente de sua função teleológica (a reprodução da família como unidade econômica básica)".[10] E se a sexualidade em si é perversa, então é o incesto, não a unidade doméstica, que é sua imagem apropriada.

Como *Édipo tirano*, *Oresteia* e *Antígona* também dizem respeito a uma disputa entre os domínios doméstico e político. Se Antígona se volta para um confronto entre família e Estado, *Édipo tirano* faz o mesmo de forma menos gritante. O nome de Antígona pode sugerir que ela se opõe à ordem da reprodução sexual, o que certamente é o caso do incesto. É a desconstrução dessa ordem, não apenas porque

9 Moretti, *Signs Taken for Wonders*, p.74.
10 Santner, *The Weight of All Flesh*, p.49.

pode resultar em descendentes deficientes (a Esfinge malformada é ela própria produto do incesto) ou porque ter a consciência disso pode impedir completamente a reprodução sexual, mas porque é transmissível através das gerações em uma paródia da linha normal de herança. Se Antígona tivesse filhos, eles teriam um tio como avô. Pode até haver um incesto duplo, como no romance *O eleito*, de Thomas Mann, no qual um filho de incesto se casa com a própria mãe. É para evitar que o homem passe a miséria para o homem que a linha mortal de descendência deve ser cortada.

O incesto, ao menos quando se trata de relações ilícitas entre pais e filhos, também ameaça acabar com a história ao omitir diferentes gerações. É um tipo de equação falsa, nivelando os pais aos filhos. O enigma da Esfinge também funde gerações distintas, unindo infância, idade adulta e velhice. O Édipo que resolve o mistério é um exemplo, como filho de sua esposa, marido dela e homem mais velho (pai), simultaneamente. Essa hostilidade à narrativa é o motivo pelo qual casais incestuosos como Giovanni e Anabella, em *'Tis Pity She's a Whore* [*Pena que ela seja prostituta*], de John Ford, parecem ocupar uma esfera atemporal própria, indiferente à linhagem e à reprodução. Assim como ocorre na intensa afinidade entre Heathcliff e Catherine, em *O morro dos ventos uivantes*, que podem ser irmão e irmã. Negar a temporalidade é também repudiar a morte, como no relacionamento amoroso de Antônio e Cleópatra, de Shakespeare. Essa morte é prefigurada para o sujeito masculino no corte castrador que o separa do corpo da mãe, mas pode ser evitado ao se apegar à carne materna e recusar tal divisão. No entanto, uma vez que essa separação é também abertura da diferença e, portanto, da linguagem e da escrita, as obras literárias sobre o incesto são testemunho do fato de que nossa expulsão do jardim da felicidade sempre aconteceu. Tempo, narrativa e desejo são todos dependentes do evento desastroso e delicioso da Queda (*felix culpa*, como é tradicionalmente conhecido), ou seja, o momento em que renunciamos ao corpo da mãe e trocamos essa felicidade por um grau precário de autonomia. Somente reprimindo esse trauma primordial é possível esculpir uma história para si. Mesmo assim, no entanto, seus efeitos perniciosos nunca podem ser totalmente apagados, assim como Édipo nunca deixará de mancar. O pé ferido, sinal do lugar onde ele foi arrancado pela violência da terra/mãe, não será curado.

Édipo é *tyrannus*, ou seja, alguém que chega ao poder por outra via que não a sucessão linear; embora em um toque soberbamente irônico ele acabe se revelando, como filho de Laio, o herdeiro legítimo no final. A descoberta de sua criminalidade é também a revelação de sua legitimidade. É apropriado, no entanto, que o rei seja um estranho, um recém-chegado de Corinto, um filho de Tebas que se considera estrangeiro na cidade, já que o governante é investido de autoridade que o coloca acima da ordem social e, portanto, em certo sentido, fora dela. Nesse aspecto, ele se assemelha ao mendigo ou fora da lei que é expulso da comunidade humana. Como uma figura solitária representando a multidão, o *status* do rei como um e muitos o torna semelhante ao monstro. Os monstros e os monarcas são criaturas bizarras. Na aritmética da humanidade, homens e mulheres são mais do que bestas, mas menos do que deuses. O problema é que eles constituem um composto contraditório dos dois, em vez de ocupar algum meio-termo determinado entre eles; e isso também é verdade para aqueles que cometem incesto. É possível ser deus, homem e monstro em um, uma trindade profana da qual o próprio Édipo acabará como exemplo.

Se Édipo não é soberano pela sucessão linear, sua carreira também não se conforma a uma lógica linear. Ao longo da peça, ele não se move para frente, mas para trás à medida que o passado invade o presente para confundir o futuro. O passado pode fazer tropeçar (literalmente, no caso do Rei do Pé Inchado). Se o enredo literário depende da sucessão temporal, então o incesto ameaça ser a ruína, mesmo que nessa peça ele constitua o assunto de um dos enredos mais bem feitos da literatura mundial. Se o incesto vira as costas para o progresso e a procriação, o mesmo acontece com *Tânatos*, ou a pulsão de morte, que é uma maneira pela qual os dois estão ligados. Do *Édipo tirano* a *A View from the Bridge* [*Uma vista da ponte*], o desejo incestuoso leva homens e mulheres à ruína. É o monstro à espreita no coração da ordem simbólica que, como a Esfinge, confunde todas as distinções cuidadosamente calibradas e traz morte e devastação em seu rastro. Se essa fera rude espreita nas fronteiras da ordem social, assim também faz a morte, que nivela as distinções e expõe sua natureza arbitrária. Em sua obliteração da diferença, bem como em seu prazer obsceno, o incesto tem algo do Real ou dionisíaco sobre ele. O prazer em questão surge do acesso ao mais impossível de todos os objetos, o corpo da mãe. É essa coisa demasiado íntima que deve ser mantida sob controle para que nossas ilusões apolíneas sejam preservadas, nossas narrativas recontadas e nossas ficções simbólicas, que incluem o próprio teatro, funcionem tranquilamente. Podemos manter nossa identidade apenas por meio de uma cegueira redentora quanto à coisa numênica, impura e traumática que está no âmago do ser.

O conhecimento do incesto é o conhecimento do antinatural, mas há um sentido em que o conhecimento é antinatural de qualquer maneira. Ele envolve tentar ficar fora da Natureza à qual pertencemos e vê-la através de olhos objetivadores. A tentativa de penetrar nas coisas internas do mundo é, na tradição, associada à criminalidade. Como a Natureza é tradicionalmente vista como a mãe da humanidade, mergulhar em seus lugares secretos é um empreendimento incestuoso. Somente por atos não naturais, afirma Friedrich Nietzsche em *O nascimento da tragédia*, a Natureza pode ser forçada a revelar seus segredos. A sabedoria é um crime contra a Natureza, ele declara, alegremente igualando conhecimento à violação. Ou, como Freud mais tarde observa, "sem criminalidade não há realização".[11]

A humanidade está sempre muito alienada do mundo ou muito íntima dele, seja ficando de fora como um rei, criminoso ou olímpico,

11 Apud Topliss, Oedipus/Freud and the Psychoanalytic Narrative. In: Collits (Ed.), *Agamemnon's Mask*, p.103.

seja muito envolvida em suas labutas para ser capaz de vê-lo como ele é. Há uma questão epistemológica implícita na peça de Sófocles: qual distância deve-se estabelecer de um objeto para ter conhecimento genuíno dele? Esse é um problema particular quando se trata de conhecer a si mesmo. O incesto pode ser antinatural, mas o autoconhecimento também é, de modo bem menos sensacionalista. É isso que Édipo busca, mas alcançá-lo parece exigir duplicação quase tão antinatural quanto ser filho e marido da mesma mulher. Como alguém pode ser sujeito e objeto de sua investigação, já que Édipo é detetive e infrator? Não é como tentar saltar sobre a própria sombra ou erguer-se pelas próprias botas? Conhecer a si mesmo é ser autoidêntico, mas também envolve dividir-se em dois, transformar-se em um objeto e, assim, negar implicitamente a sua subjetividade no próprio ato de exercê-la. Como no incesto, é uma questão de dois em um. Além disso, se o eu é alterado pelo ato de conhecê-lo, como alguém pode alcançar a si próprio?

Contra essa autodivisão, pode-se estabelecer um sonho de autonomia, a ficção de alguma autopresença total ou autoautoria absoluta que necessariamente incluiria ser soberano da própria origem. O nascimento, afinal, é o paradigma do destino, não apenas porque não podemos escolhê-lo, assim como não podemos escolher nosso corpo, mas por causa de sua influência no resto de nossa existência. É essa dependência que o duplo ato de incesto e parricídio visa eliminar, descartando os progenitores, matando o pai e transformando a mãe em esposa. O indivíduo agora é tão produto de si quanto o *tyrannus*, que não depende de nenhuma linhagem real para legitimar seu governo, mas que arranca o prêmio da realeza simplesmente em virtude de seus talentos. No entanto, como ser produto de si não é ser um monstro? Na Antiguidade, um monstro poderia significar uma criatura separada de todo parentesco, bem como uma besta assustadoramente desfigurada, de modo que Édipo é monstruoso em pelo menos dois significados da palavra. Ser totalmente autodeterminado e, portanto, estar em termos muito familiares consigo mesmo, envolve repudiar as redes de parentesco e relações sociais pelas quais o eu é constituído; e isso, por sua vez, significa tornar-se um estranho para si. O desejo de Édipo é ser como Coriolano de Shakespeare, que se comporta "Como se um homem fosse autor de si mesmo/ E não conhecesse outro parente" (ato 5, cena 3).

O incesto também envolve uma interação de estranheza e intimidade. Ao aproximar-se demais das fontes do ser, a pessoa se torna um mistério para si, uma vez que homens e mulheres são quem são em virtude de seus relacionamentos, e o relacionamento exige distância. Os limites entre a diferença e a identidade, a alteridade e a afinidade, começam a se confundir. O filho incestuoso reentra no útero da mãe, desaparecendo em sua própria origem e, assim, acabando perdido para si mesmo. No entanto, o incesto também reflete nossa condição cotidiana. No emaranhado de ações humanas, cujos fios constitutivos nunca podem ser totalmente desfeitos, somos todos estrangeiros e parceiros, involuntariamente aliados àqueles que parecem estranhos. O desconhecido na encruzilhada nunca é totalmente estranho. Mesmo as mais privadas de nossas ações são derivadas do Outro anônimo, de modo que, por exemplo, declarar o amor a alguém significa pronunciar frases que não pertencem a ninguém e que são manchadas por diversos usos anteriores. As fontes da ação humana são diversas e obscuras. Perguntar "Esse ato é meu ou não?", não é uma pergunta absurda como seria "Essa dor é minha ou não?". Nem sempre é fácil dizer onde um agente termina e outro começa. Nossos atos mais insignificantes podem gerar consequências importantes sobre as quais não temos controle. Eric Auerbach entende corretamente a doutrina cristã do pecado original como "o tecido inextricável da hereditariedade, situação histórica, temperamento individual e as consequências de nossas próprias ações, nas quais estamos eternamente envolvidos".[12] É tudo isso que Édipo, tomado por uma fantasia de autocriação, deve aprender à sua custa. De fato, essa fantasia é

12 Apud Green, *Literary Criticism and the Structure of History*, p.79.

tão implacável que ele deve ser confrontado com uma paródia assustadora da interdependência humana, na forma de incesto, para que sua verdade seja levada a ele.

No final, o cálculo aritmético que mais conta não é o reconhecimento de que um é mais do que um, mas que zero é mais do que zero. Somente quando Édipo é reduzido a nada ele pode se tornar algo, e a diferença entre algo e nada, como a doutrina da Criação sugeriria, é a distinção mais fundamental de todas. "Eu me torno homem na hora em que deixo de ser?", ele pergunta em *Édipo em Colono*. Como Lear adverte Cordélia, não é verdade que nada pode vir do nada. Essa peça, da mesma forma, tem um subtexto aritmético, as mudanças em mais, menos, algo, superfluidade, tudo e nada. Édipo acaba como uma mera cifra, um autoexílio miserável; no entanto, somente quando estiver cego ele compreenderá a verdade, somente quando for despojado de sua humanidade será genuinamente humano, somente quando estiver destituído será elevado. Ao se tornar menos do que o seu eu anterior, ele consegue se tornar mais. De fato, em sua transfiguração milagrosa no final de *Édipo em Colono*, nada se tornará não apenas algo, mas tudo; e isso em um sentido bem diferente do domínio onipotente do soberano, um personagem que ele agora rejeitou. Nesse sentido, o herói de Sófocles acaba derrotando toda a calculabilidade, como de fato o faz o próprio *Édipo tirano*. Em seu centro, como vimos, está um enigma numérico – quantos bandidos mataram Laio? – que fica sem solução. Essa bela e precisa obra de arte contém uma anomalia ou indeterminação em seu cerne e, como tal, é fiel à natureza da própria humanidade.

3
Transições trágicas

Todos os períodos históricos são tempos de transição, resgatando algo do passado enquanto olhamos para o futuro. Raymond Williams fala em *Marxismo e literatura* sobre como todas as sociedades são compostas do residual, do dominante e do emergente;[1] mas é preciso compreender esse modelo dinamicamente, já que o dominante pode estar prestes a se tornar residual, o emergente pode estar se movendo para o ascendente e o novo pode sintetizar o antigo. Há momentos, no entanto, em que a consciência dessa mudança é mais aguda do que o normal: quando uma época pode realmente se sentir a meio caminho, ou *medias res*, moldada pelo que está por trás dela, apesar de impulsionada pelo que ainda está por vir, puxada pela influência das marés de ambas as épocas e ansiosa ou excitadamente ciente de sua própria experiência como indefinida. Há períodos, como o final do século XVIII ou o início do século XX, em que é possível sentir o solo mexendo sob os pés, enquanto vários estrondos sísmicos anunciam a chegada de alguma besta bruta apocalíptica.

---

1 Ver Raymond Williams, *Marxism and Literature*, p.121-127.

É comum afirmar que esses estados liminares são os períodos de grande tragédia. É verdade que tragédias de algum tipo acontecem o tempo todo. Quando elas irrompem em uma escala épica, no entanto, geralmente é quando um modo de vida colide com outro, ou uma visão de mundo tradicional, embora ainda retenha certo grau de autoridade, é confrontada por forças que não pode acomodar facilmente. O presente se encontra travado em combate com um passado que está morrendo, mas não pode ser despachado. Não se trata apenas de que uma civilização mais antiga está se desintegrando, mas que ela se torna palpável em sua própria passagem, assim como o fardo intolerável do Deus de Jean Racine é mais sentido em sua ausência. "A tragédia", observa Albert Camus, "nasce no Ocidente sempre que o pêndulo da civilização está a meio caminho entre uma sociedade sagrada e uma sociedade construída em torno da humanidade."[2]

Dom Quixote, escreve Claudio Magris, "é um épico de desencantamento que preserva, pelo menos a princípio, ecos profundos da poesia épica no novo e lúcido meio da prosa".[3] De fato, pode-se ver o romance em geral como forma de transição, que recicla materiais sagrados, míticos, românticos ou sobrenaturais para fins seculares. A fábula ou o conto popular se torna uma narrativa realista completa. No entanto, o romance está suficientemente à vontade com seu momento histórico para não sentir de forma tão pungente quanto algumas tragédias o puxão para trás desses mundos pré-modernos. Como afirma Georg Lukács em *A teoria do romance*, esse é um gênero para o qual a ideia de significado imanente está se desintegrando constantemente, enquanto homens e mulheres escolhem entre os escombros para moldar um sentido menos sacralizado da existência diária. Eles fazem isso, no entanto, com uma crescente certeza de que, para todos os propósitos práticos, podem dispensar o

2 Camus, *Selected Essays and Notebooks*, p.199.
3 Magris, A Cryptogram of its Age, *New Left Review*, p.96.

mítico ou o sobrenatural, que agora tendem a surgir principalmente quando um autor sente a necessidade de algum dispositivo quase mágico para esclarecer um problema que não pode ser resolvido em termos realistas. Se o romance é uma forma de transição, não é tanto porque ele trabalha sob o fardo do passado enquanto vira o rosto para o futuro, mas porque é produto de uma modernidade que está em fluxo permanente.

Há muita arte trágica na qual homens e mulheres se esforçam para moldar o próprio futuro apenas para se verem frustrados pelos resquícios de um arranjo mais antigo. O período em que a tragédia grega foi estabelecida foi de turbulência social e política espetacular, com lutas internas entre as várias facções aristocráticas, crescente ressentimento popular da classe dominante e a ascensão de tiranos populares. Tudo isso acabaria por dar origem a uma marca de política mais pública, impessoal e participativa, em uma comunidade baseada menos no parentesco e nos costumes do que em convenções comuns.[4] Charles Segal vê *Édipo tirano* como um documento do Iluminismo ateniense do século V, com sua mudança do pensamento mítico e simbólico para um mais abstrato e discursivo.[5] Blair Hoxby argumenta que se a tragédia grega foi uma formação cultural de vida tão curta, isso ocorreu porque "ela só pode prosperar durante o momento de transição cultural, quando os hábitos religiosos de pensamento estavam em declínio, mas ainda possuíam certa força, e quando os conceitos legais de responsabilidade eram atuais, mas ainda não inatacáveis".[6] Jean-Pierre Vernant e Pierre Vidal-Naquet salientam que, em geral, o herói trágico vem de uma era

4 Ver: Pirro, *Hannah Arendt and the Politics of Tragedy*, p.176-177; e Finley, *Politics in the Ancient World*.

5 Ver Segal, *Oedipus Tyrannus*. Os estudiosos clássicos são divididos, entretanto, sobre a questão de quão racionalista é Sófocles. Ver Ahronsdorf, *Greek Tragedy and Political Philosophy*, cap.1. Ver também: Rocco, *Tragedy and Enlightenment*; Knox, *Oedipus at Thebes*.

6 Hoxby, *What Was Tragedy?*, p.38.

mitológica anterior, mas que agora pode ser distanciado e avaliado criticamente.[7] É assim que o herói encontra o Coro, que, como membros comuns da pólis, ocupam a esfera cívica em vez da mitológica, movendo-se em uma dimensão diferente das figuras lendárias com as quais dialogam.

A tragédia, então, começa quando o mito é contemplado do ponto de vista da pólis, embora, em um movimento de dois sentidos, tais mitos também possam destacar os limites da racionalidade que os examina. Valores heroicos e religiosos tornam-se sujeitos aos julgamentos legais, éticos e políticos da cidade-estado, que precisa romper com o passado mitológico para estabelecer as bases para a própria autoridade. Por mais que o teatro de Dionísio profundamente permaneça em dívida com esse passado, a tragédia é, nesse sentido, um assunto inovador. Em *Origem do drama trágico alemão*, Walter Benjamin vê a tragédia grega como uma questão de mito, enquanto a *Trauerspiel* alemã, com a qual seu livro lida, é uma questão de história; no entanto, ele também aponta que os trágicos gregos retrabalham os materiais mitológicos de forma que traz os eventos heroicos da Antiguidade para as questões contemporâneas. A arte trágica para Benjamin, portanto, abrange o passado e o presente. Veremos mais tarde como, em sua visão, ela também antecipa o futuro.

"A instituição da tragédia", escreve Simon Goldhill, "é uma máquina para transformar o mito épico em mitos da pólis."[8] Ela é, ele acrescenta, "a exibição encenada da razão prática".[9] Os enredos dessas obras lidam amplamente com fábulas e lendas, mas, como tratamentos realistas do que são frequentemente materiais não realistas, eles o fazem em termos de discurso racional e debate crítico. Enquanto o épico relata o passado enquanto passado, Goldhill

7 Vernant; Vidal-Naquet, *Myth and Tragedy in Ancient Greece*, p.184.
8 Goldhill, Generalising about Tragedy. In: Felski (Ed.), p.59.
9 Ibid., p.54.

aponta, a tragédia traz esse passado vivo novamente no presente e, ao combiná-los, é transitória em sua própria forma. Por meio do poder da mimese, o historicamente remoto pode ser colocado diante de nossos olhos de maneira palpável. Ficcionalizar é também separar eventos de seu contexto original para promover reflexões mais abrangentes sobre seu significado, de modo que, nesse sentido, o material de um passado imaginário encontre o espírito retórico do moderno.

Mesmo assim, embora homens e mulheres possam agora ser objetos de reflexão crítica, eles ainda não evoluíram para sujeitos kantianos autônomos. No enigma da Esfinge, os seres humanos se mantêm sobre os próprios pés, mas apenas em um breve interlúdio entre rastejar e mancar. Nós desfrutamos de certo grau de autodomínio, mas apenas dentro de um contexto mais profundo de dependência. É dessa dupla determinação – essa tensão entre o eu, como fonte de suas próprias ações, e o Outro sibilino, que fala e age por meio dele – que surge boa parte do conflito trágico. "Na tragédia", observa Joshua Billings, "as palavras dos deuses são sempre enigmas, e o conhecimento dos protagonistas nunca está livre da ignorância."[10] Para Hegel, é o surgimento gradual da verdade a partir desse conhecimento parcial que marca a arte trágica da Antiguidade. Já vimos que o significado da ação de alguém para o Outro – sua localização dentro de todo o campo de poder, da herança, do parentesco, da significação, dos deuses – pode deixar de coincidir com o significado para si mesmo, de modo que o verdadeiro sentido de sua conduta escapa de seu alcance e pode recair sobre ele mais tarde em forma estranha. Como Jean-Pierre Vernant e Pierre Vidal-Naquet observam, "a única verdade autêntica nas palavras de Édipo é o que ele diz sem sentido e sem compreensão".[11] Nunca se pode chamar as palavras ou ações de inteiramente suas. O que a peça *O pai*, de August Strindberg, informa é que não há imagem mais gritante desse

10 Billings, *Genealogy of the Tragic*, p.181.

11 Vernant; Vidal-Naquet, *Myth and Tragedy in Ancient Greece*, p.117.

autoestranhamento do que a paternidade, já que o filho de alguém é fruto de um ato passado que agora leva vida própria e, em qualquer caso, pode não ser seu originalmente.

Portanto, deve-se calcular as ações com prudência, tecendo o caminho através de um campo minado de poderes inescrutáveis e forças conflitantes. Em vez disso, assim como não pode haver uma metalinguagem final, já que seria necessária outra linguagem para explicá-la, então, como vimos, não pode haver outro para o Outro (nenhum ponto de vista a partir do qual você possa apreendê-lo como um todo). Não se trata de um domínio unificado, assim como as divindades que disputam no Monte Olimpo não constituem uma única soberania. É do Outro que nós nos recebemos de volta como agente aparentemente automotivador; no entanto, isso está fadado a ficar fora do domínio da mente, já que é o que nos constitui, a princípio, como sujeitos cognitivos.

Édipo, com seu vigor intelectual, orgulho de seus próprios poderes e confiança demasiado otimista na capacidade humana para o conhecimento, pode ser tomado como personificando algo do espírito crítico do humanismo ateniense esclarecido. No entanto, a agudeza da mente pode estar em desacordo com a finitude da carne, e a injunção humanista de conhecer a si mesmo pode esbarrar em uma alteridade impenetrável, quer se dê a ela o nome de destino, deuses, mistério das origens ou os fundamentos ocultos do eu. "Quando o homem decide, como Édipo, levar a investigação sobre o que ele é até onde ela pode ir", escrevem Vernant e Vidal-Naquet, "ele se descobre enigmático, sem consistência, sem nenhum domínio próprio ou qualquer ponto fixo de apego, sem essência definida, oscilando entre ser igual aos deuses e ser igual a nada."[12] Como tal, esse rei mendigo é tanto modelo de esclarecimento quanto instrumento de sua crítica. Ele é o conhecimento no seu limite. O nome Édipo pode significar, entre outras coisas, "pé-conhecimento", mas essa é uma forma

12 Ibid., p.139.

de conhecimento além do nosso poder. O pé ferido, como vimos, marca o lugar onde somos arrancados da terra, a ferida da individualidade autônoma que nos permite ficar precariamente sozinhos; mas o pé também é onde estamos ancorados à terra, terra que representa o solo impenetrável de nossa existência. Essa profundidade, assim como o mistério das origens individuais, confunde todas as tentativas de domínio pela mente. A criança rastejante do enigma da Esfinge está perto do chão, e a dependência do velho em relação à Natureza é significada pelo fato de que ele se inclina sobre a terra com um pedaço de madeira cortado dela; mas entre a infância e a velhice a cabeça calculista está mais distante dos pés presos à terra, distante do lugar obscuro de onde a humanidade emerge e para o qual ela eventualmente retornará.

Ao retornar a resposta "homem" à charada da Esfinge, Édipo, um solucionador de enigmas que é, ele próprio, um enigma, humaniza o monstruoso, como Jean-Joseph Goux aponta.[13] No entanto, ao valorizar a monstruosidade dessa maneira, e assim buscando negá-la, ele também confessa que a humanidade é terrível além do que se acredita. O humano é, dessa forma, afirmado e diminuído de uma só vez. O que a aritmética austera de Édipo ("um não é mais do que um") reluta em reconhecer é o fato de que a humanidade é constituída por uma alteridade irredutível. Ela é tanto carne quanto espírito, assim como a Esfinge é tanto humana quanto animal. A duplicidade da natureza humana é rejeitada no ato do incesto, pois alguém usurpa o papel do pai, torna-se o próprio progenitor e, consequentemente, nega suas origens de criatura. Pode-se, então, ser puro espírito, não mais dependente da carne dos outros. Estar no momento da própria origem, limpar a linhagem, é a negação máxima da dependência. Na visão de Hegel, Édipo é, portanto, o protótipo do filósofo, já que a filosofia depois de Kant significa matar o pai simbólico (a tradição, a sabedoria convencional) para pensar e agir por si mesmo. Nesse

13 Ver Goux, *Oedipus, Philosopher*, cap.1.

aspecto, cegar-se é um ato ambíguo. Em certo sentido, é parte do impulso para a autossoberania, que tem sido a compulsão de Édipo o tempo todo. Somente o suicídio pode superá-lo. Matar-se é assumir uma autoridade divina sobre a própria existência. No entanto, ao atuar por sua autoignorância, o *coup de théâtre*, ou o ato imprevisto, no qual Édipo arranca os olhos, também lhe traz consciência da carne e dependência dos outros, abrindo, assim, caminho para um novo tipo de autocompreensão. Como o cego Gloucester observa em *Rei Lear*: "Eu tropecei quando vi".

Em um dramático ritmo milenar, o eu como sujeito pode se tornar independente apenas em virtude do eu como objeto (como cego, frágil, humilhado e exposto). A genuína nobreza de espírito consiste em tornar sua a própria finitude. A Esfinge tem cabeça humana, mas incorporada a um corpo animal. Somente ao se apegar à carne vulnerável, a mente pode evitar saltar sobre si mesma e reduzir-se a nada. O que é verdade em qualquer caso de seres humanos – que a consciência surge de suas interações corporais como crianças – é convertido de fato a valor. Emergimos na individualidade com base no corpo; um pedaço de material natural que é tanto nosso quanto não nosso, o lócus da subjetividade, mas, em nenhum sentido, uma propriedade. É o fruto de uma narrativa além do nosso controle, além de ser algo impessoal que compartilhamos em comum. A humanidade também é uma espécie dupla, pois é abençoada e amaldiçoada, tudo e nada, uma maravilha para se ver e uma besta devastadora, e tão quase impossível de ser colocada conceitualmente em foco. Como canta o Coro de *Antígona*, a humanidade é esplêndida e pecadora, não simplesmente misturada e multifacetada, como certa sabedoria liberal sustentaria, mas a contradição encarnada, um enigma que resiste a toda lógica e escapa ao alcance de sua própria racionalidade. A tragédia, então, é uma forma de razão além de toda razão. É um modelo do conhecimento dialético da humanidade.

Ser um corpo humano é ser um agente, mas também é ser passivo e vulnerável, objeto da história, bem como sujeito dela. A Esfinge é uma devoradora de carne crua que arranca a cabeça de suas vítimas e, embora Édipo, para enganá-la, use a cabeça, ela também é, metaforicamente, separada, divorciada por sua inteligência da sabedoria do corpo (um corpo que é, em si, um legado de seus antepassados), bem como da rede de devoções e obrigações na qual toda a carne humana está presa. Como a Natureza à qual o corpo pertence é mais antiga que a consciência, o animal humano é uma criatura inerentemente transicional, surpreendido entre a carne e o espírito. Sem razão, perecemos, como Pelasgo observa em *As suplicantes*, de Ésquilo; porém, a razão não vai até o fim, e é essa lição que o racionalismo de uma era esclarecida deve levar a sério. "A tragédia grega", argumenta Bernard Williams, "representa os seres humanos lidando de forma sensata, insensata, às vezes catastrófica, com um mundo que é apenas parcialmente inteligível para a agência humana e que não é necessariamente bem ajustado às aspirações éticas."[14] É uma visão mais crua no drama de Eurípides, com seu universo cético, desmistificador e cheio de acasos, sua crítica mordaz à guerra e à insolência do poder, sua compaixão pelos abandonados e desconsiderados, seu realismo anti-heroico e avaliação sóbria dos limites da razão humana. No entanto, apesar de toda a escassez de racionalidade no Monte Olimpo, os deuses continuam a se intrometer nos assuntos humanos. O *Ancien Régime* pode ser fragmentado e fútil, mas seu poder, por mais caprichoso que seja, não pode ser ignorado.

Na *Oresteia*, de Ésquilo, a passagem da mitologia para a política, da Natureza para a Cultura, do parentesco de sangue para a esfera cívica, levanta, entre outras coisas, a questão da hegemonia, ou seja, das proporções relativas de coerção e consentimento essenciais para uma governança eficaz. O mais proeminente teórico moderno da hegemonia, Antonio Gramsci, às vezes usa o termo para denotar poder consensual em vez de coercitivo, mas também pode significar uma fusão dos dois modos, que é o que a *Oresteia* parece defender

14 Bernard Williams, *Shame and Necessity*, p.164.

também.[15] Não pode haver polaridade simples entre os dois em um Estado bem ordenado. Não apenas se deve recorrer aos meios de coerção quando o consentimento falhou, mas esses meios devem, eles próprios, comandar o consentimento geral para atingir seus fins. A força bruta deve ser temperada pela persuasão, mas não a ponto de sua autoridade ser corroída. Ambos os princípios, um severo e outro gentil, estão contidos na natureza de Zeus, em contraste com o Deus do cristianismo, cuja violência nada mais é do que seu amor implacável e intolerável. Assim como a *Investigação filosófica sobre a origem de nossas ideias do sublime e da beleza*, de Edmund Burke, sustenta que a lei masculina, embora se oculte nas vestes sedutoras de uma mulher, deve reter certo terror fálico; a Atena de Ésquilo, enquanto canta os louvores do que ela chama de "Santa Persuasão", adverte o Estado a não banir de seu arsenal a arma do medo, que pode ser brandida de tempos em tempos em prol da ordem cívica. Esse terror deve ser preservado, mas em um nível mais civilizado, o que quer dizer, em termos hegelianos, sublimado ou *aufgehoben*.

O poder prosperará verdadeiramente apenas quando conseguir se implantar nas afeições daqueles que governa, mas deve tomar cuidado para não se diminuir ao fazê-lo. A intimidação continua essencial, por mais difícil que seja se misturar com afeição. Aqueles que usam o poder com gentileza devem ser admirados, mas não se acabarem colocando o Estado em perigo. Excesso de intimidade, como na questão do incesto, apenas espalhará o caos. "Não há lei em uma cidade onde não há medo", insiste Menelau em *Ajax*, de Sófocles. O passado bárbaro deve ser incorporado ao presente urbano, não renegado em um acesso de esclarecimento liberal. Isso, com certeza, levará tempo, o que é da essência da hegemonia. É a passagem de décadas e séculos que converte a soberania em uma segunda natureza, de modo que os crimes primordiais venham a crescer em nós

15 Para os usos variados do conceito de hegemonia em Gramsci, ver Anderson, Perry. The Antinomies of Antonio Gramsci, em *New Left Review*.

como velhos amigos e passemos a desejar a lei em vez de simplesmente tolerá-la. Longevidade é legitimidade. "O poder recém-conquistado é sempre duro", observa Hefesto em *Prometeu acorrentado*.

A intimidação e a afeição são equivalentes aproximados do sublime e do belo, que devem ser unidos na prática da arte de governar à medida que poderes que ameaçam devastar a pólis são confrontados, sublimados e voltados para fora para sua proteção. É dessa forma que os exércitos nascem. É assim que as repugnantes Fúrias se transformam nas Eumênides, ou nas Benevolentes, tornando-se sublimes e belas, terríveis e benignas. Como estrangeiras residentes, elas são ao mesmo tempo assustadoras e familiares. Para prosperar, a pólis deve reconhecer a violência que a fez nascer e deve continuar a espreitar suas fundações, uma vez que as Eumênides recebem morada sob a terra. A agressão primária que elas significam deve ser remodelada, processo que pode envolver um período de sofrimento. É provável que, após as adversidades, o Prometeu de Ésquilo finalmente se reconciliasse com um Presidente dos Imortais um tanto mais agradável; na verdade, ele mesmo assegura à atormentada Io que Zeus finalmente virá sobre ela "não com terror, mas com um toque gentil".

Sem tal clemência, homens e mulheres ficarão trancados na antecâmara sem vento da pré-história, presos nos ciclos estéreis de matança e de vingança, incapazes de lançar uma narrativa verdadeiramente histórica. Eles ficarão presos no que o romance *Em queda livre*, de William Golding, chama de "linha letal descendente", à medida que as ações escapam do controle de seus agentes para gerar consequências imprevistas, fundindo-se em uma malha anônima na qual os indivíduos lutam de forma tão desamparada quanto Agamenon em sua rede mortal. Tentar livrar-se dessa situação pode simplesmente afundá-lo ainda mais. A vingança destrói a possibilidade da narrativa, curvando o presente de volta ao passado e, assim, sabotando o futuro. Se ela é inimiga da civilização, é sobretudo porque interrompe o processo temporal pelo qual tal ordem deve evoluir.

"A grandeza do período elisabetano", comenta E. M. W. Tillyard, "era que ele continha muito do novo sem romper a forma nobre da velha ordem."[16] Na verdade, não havia nada notavelmente nobre sobre os barões guerreiros e a pilhagem colonial da ordem elisabetana, cuja conduta na Irlanda era equivalente a um genocídio. A imagem anódina de contenção de Tillyard sugere um acordo pacífico entre o antigo e o novo, acordo que a arte trágica do período desmascara como amplamente espúrio. Na tragédia jacobina em particular, a chamada ordem nobre é destruída além do reparo. "É um mundo que ainda pensa em si como um todo orgânico", escreve Franco Moretti, "mas está deixando – clamorosamente – de sê-lo."[17] Para Johann Gottfried Herder, o que marca a obra de Shakespeare é a grande multiplicidade de suas formas de vida, e somente seu gênio individual pode soldá-las em uma forma coerente.[18] As tragédias de Shakespeare, sustenta Moretti, são divididas entre ação e significado, de modo que "o eixo das ações [o enredo] é governado por uma lógica [ou seja, vontade, poder, paixão] e o eixo dos valores [...] por outra, sem que nenhum deles consiga sobrepujar ou expurgar o outro".[19] Raymond Williams escreve que "no corpo principal do drama popular inglês está claro que elementos de uma tradição mais antiga estão presentes, não apenas como sobrevivências, mas como fatores iguais em seu poder".[20] Os códigos morais e políticos tradicionais retêm muito de sua força, mas não podem mais investir a experiência de alguém com significado suficiente. A própria sobrevivência das normas morais tradicionais permite medir quão lamentavelmente aquém delas fica a maioria dos personagens. Bart van Es vê *Hamlet* em termos tão transicionais, como uma peça "dividida entre uma ordem feudal, na qual os reinos são disputados por meio de combate

---

16 Tillyard, *The Elizabethan World Picture*, p.5.

17 Moretti, *Signs Taken for Wonders*, p.28.

18 Ver Herder, *Selected Writings on Aesthetics*, p.298-299.

19 Moretti, *Signs Taken as Wonders*, p.69.

20 Raymond Williams, *The Long Revolution*, p.252.

individual, e um mundo moderno de *Realpolitik*, dominado por cartas de embaixadores e acordos secretos. Há um fantasma que sofre no purgatório católico medieval enquanto seu filho retorna de Wittenberg, o lar de Lutero e suas novas ideias protestantes".[21] O filósofo Carl Schmitt escreve sobre o herói de Shakespeare como estando "no meio do cisma da Europa", na encruzilhada entre a velha teologia e a ascensão do novo Estado-nação.[22]

Imagine, então, um conjunto de obras dramáticas que retém um senso de ordem tão convincente quanto o dos gregos antigos, junto com as calamidades que podem resultar de sua violação, mas que une a paixão pela estabilidade a um senso muito mais aguçado e humanístico dos poderes pródigos, inventivos e potencialmente arruinadores do indivíduo do que em geral se encontra na Atenas antiga. Então, tem-se alguma medida da realização da tragédia shakespeariana. Em nenhum lugar o choque entre a ordem e a ruptura é mais óbvio do que na poesia das peças, que depende, como qualquer língua, das regularidades da gramática e da lógica, mas é tão profusa e polivalente que ameaça minar os próprios fundamentos. A crença de Shakespeare na ordem social é comprometida pela linguagem em que é articulada. "Eu posso lhe dar [nenhuma razão] sem palavras", graceja o Palhaço em *Noite de Reis*, "e as palavras se tornaram tão falsas que eu sou relutante em provar a razão com elas." Os signos desvinculados de seus referentes podem, então, cruzar com outros signos, assim como quando o Palhaço, tendo extraído uma moeda de Viola, pergunta, maliciosamente, "Um par destes não teria procriado, senhor?". O dinheiro, como a metáfora, é um poder mágico que pode transmutar qualquer coisa em qualquer outra coisa, como Timon de Atenas protesta em uma

21 Van Es, Too Much Changed. *Times Literary Supplement*, p.14. Para um relato sugestivo de Shakespeare e a transição histórica, ver Mason, *PostCapitalism*, p.235-236.

22 Schmitt, *Hamlet or Hecuba?*, p.52.

passagem que atraiu a atenção de Karl Marx ("Assim, muito disso tornará o preto, branco; o desleal, justo,/ o errado, certo; o reles, nobre; o velho, jovem; o covarde, valente").

Um problema com esse circuito de valor de troca é que ele ameaça nivelar todas as classificações a uma igualdade em branco. Ele apaga diferenças, gera repetições infinitas e reduz tudo a uma imagem espelhada de todo o resto. A intercambialidade dos amantes de *Sonho de uma noite de verão* é um exemplo. O que ameaça demolir a ordem social não é apenas a linguagem e o comércio, mas a anarquia do desejo, para a qual todos os objetos são puramente contingentes. No final, Eros é secretamente arrebatado apenas por si mesmo, como Orsino em *Noite de Reis*. A identidade depende da mutualidade, o que não é o que a nova ética da autoautoria individual sustenta; no entanto, há uma linha tênue entre a reciprocidade da individualidade que marca a ordem tradicional e a troca arbitrária de identidades que pertence ao novo. Ludwig Wittgenstein observa, em suas *Investigações filosóficas*, que não há proposição mais inútil do que a identidade de uma coisa consigo mesma. Coisas nas peças que são totalmente autoidênticas são cifras que escapam pela rede da linguagem e confundem toda a descrição. No entanto, o valor de troca, no qual a identidade de um objeto está fora de si em outro objeto, e isso por sua vez em outro, é uma forma de "mau infinito" para a qual o drama está constantemente vigilante.[23]

Significado e valor são inerentes à realidade ou são ficções convenientes projetadas sobre ela? Shakespeare parece ter dúvidas sobre o subjetivismo ingênuo de um Troilo ("O que é algo senão como é valorizado?"), juntamente com a doutrina naturalista (defendida por muitos de seus vilões), para a qual o mundo é mera matéria em branco a ser manobrada para os fins do poder, vontade e apetite. Homens e mulheres são animais automodelados capazes de forjar sua história, e fazer isso pode significar violar restrições costumeiras.

23 Desenvolvi essas ideias mais plenamente em Eagleton, *William Shakespeare*.

É da nossa natureza exceder a nós mesmos. Transbordar a medida está estabelecido no que somos. Assim também é regozijar-se com essa superabundância por si só. No entanto, um excesso demasiado pródigo, como uma ambição demasiado alta, pode nos levar a nos exceder e levar-nos a nada. Assim como Lady Macbeth, é possível esquecer que os constrangimentos (as exigências de parentesco ou acolhimento, por exemplo) são constitutivos do eu, não simplesmente obstáculos à sua expressão. Devemos, portanto, ser lembrados, como Lear, da natureza finita da carne. Aqueles que se comportam como empreendedores do eu, tratando-o simplesmente como algo a ser explorado para seus próprios fins privados, provavelmente sofrerão; no entanto, eles também são arautos de um futuro que já está em ação, enfraquecendo as devoções do passado.

"Mas eu tenho em mim o que excede a aparência" (ato 1, cena 2), protesta Hamlet. Nós somos testemunhas do nascimento de uma forma distintamente moderna de subjetividade, uma que, em sua natureza interna elusiva, versátil e impenetrável, resiste a todas as tentativas de ser cognitivamente apreendida, bem como a todas as exigências de cumprir o protocolo social. A vingança é uma questão de olho por olho, e o senso de Hamlet de si como incomensurável recusa todo esse valor de troca vulgar. A simetria da vingança está em desacordo com a superfluidade de sua individualidade. Se ele é um ator ruim, apesar da afeição pelo teatro, é porque é incapaz de se ater a um roteiro, ou seja, a uma versão pré-ordenada de si mesmo, seja como amante, vingador ou futuro monarca. O eu semelhante a Hamlet é puro excedente e vacuidade, de modo que, para ele, tomar uma ação determinada seria trair suas profundezas impenetráveis. O desejo é infinito, mas o ato é escravo do limite, como reclama Troilo de Shakespeare. Assim é que Hamlet vagueia à beira da ordem simbólica sem nunca entrar nela, rejeitando a reprodução sexual, meditando sobre o incesto que perturba todos os sistemas de parentesco. Não é mais uma questão de se a liberdade individual pode ser reconciliada com as exigências da ordem social, mas se não há algo inerente à própria subjetividade, apreendido como uma espécie de *néant*, enigma ou "mau infinito", que a coloca contra todas as convenções sociais.

A tragédia shakespeariana extrai muito de sua força ao retratar com igual convicção a ordem tradicional e as forças que ameaçam usurpá-la. A primeira não é um mero pano de fundo pintado, enquanto as forças do individualismo podem ser tão produtivas quanto malignas. Para a tragédia jacobina em geral, por outro lado, o senso de ordem consagrada pelo tempo é muito menos insistente, assim como Eurípides é mais cético em relação à ordem cósmica do que Ésquilo. Essa visão está disponível agora apenas em marcas dispersas ou *insights* esporádicos. A autorrealização individual declina para a busca sórdida de autopromoção. Somos apresentados a um mundo dissoluto e assombrado pela morte, desprovido de transcendência ou projeto inerente, atravessado por intriga, soberania paranoica, falsas aparências, apetite sem fim e luxúria desenfreada. A corte real é centro de ilegalidade em vez de centro de autoridade moral, e ser virtuoso é ser vitimizado. Nesse reino de desejos mimados e perversos, a história é mera decadência temporal, carne, honra e lealdade são mercadorias a serem compradas e vendidas, e um profundo desejo de esquecimento corre sob a dissolução constante do significado em uma farsa selvagem. As identidades humanas estão tão fraturadas quanto a forma danificada das próprias peças.

Tudo isso é encenado com um prazer sádico na violência, no grotesco e no espetáculo sensacionalista; em violações extravagantes do realismo e dispositivos descaradamente gratuitos que devem ser consumidos em estilo "decadente" como fins em si mesmos. Em contraste com Shakespeare, há pouco de construtivo nos poderes que o questionamento da tradição desencadeou. A transição se tornou um impasse. Se o futuro não está no bolso da nova geração de individualistas possessivos, é apenas porque a própria concepção de progresso histórico entrou em colapso na erosão geral do significado para ser substituída pelas repetições eternas do apetite, pelo choque de intrigas e contraintrigas e pelas reciprocidades estéreis da vingança.[24]

Na tragédia raciniana, argumenta Lucien Goldmann em *The Hidden God* [*O Deus escondido*], Deus está simultaneamente presente e ausente no mundo, o que também é verdade para o protagonista trágico. O Todo-Poderoso se retirou de sua Criação, voltando suas partes posteriores para o mundo purgatorial que ele criou, e o valor absoluto consequentemente desapareceu. No entanto, sua sombra ainda cai sobre uma realidade estéril, fazendo que o protagonista recuse o mundo em uma busca por transcendência. O valor absoluto não pode ser realizado, mas seu fantasma também não pode ser totalmente exorcizado. É como se o Todo-Poderoso vivesse apenas na forma de uma busca infrutífera por Ele ou na experiência da culpa. O dilema é que a retirada de Deus do mundo o drenou de mérito, mas também significa que o ossário de uma Criação é tudo o que existe, então, não se pode abraçá-lo nem rejeitá-lo por alguma esfera superior. Viver no mundo é insuportável, e é o silêncio dos céus que o torna assim.

Na visão de Goldmann, o herói trágico, então, é alguém que vive na presença de um Deus ausente, cambaleando sob o fardo de uma demanda absoluta que não faz sentido em termos mundanos.[25] Uma ordem social cada vez mais racionalista não pode fazer nada de tais preceitos, ou fornecer os termos nos quais podemos nos curvar à sua autoridade. Como Deus se tornou inescrutável, a pergunta dirigida a esse Outro elusivo é a clássica indagação do histérico: "O que devo fazer? O que você quer de mim?". O histérico se torna, portanto, exemplar do sujeito humano em geral, confrontado com uma ordem que não é mais propriamente inteligível, muito menos justa. Nessa

---

24 Para um estudo valioso sobre a tragédia da vingança no período, ver Kerrigan, *Revenge Tragedy*.

25 Ver Goldmann, *Racine*, p.10. Para um comentário útil sobre Goldmann, ver Cohen, *The Wager of Lucien Goldmann*.

visão protestante austera, o espírito não pode se encarnar na carne. O valor pode existir no sujeito humano, mas não pode ser realizado na realidade. Na frase de Simon Critchley, "a verdade da subjetividade tem que ser vivida separadamente do mundo".[26] Dividido entre um mundo perdido de significado imanente e um regime voraz de poder e desejo, o herói é destruído.

Pode-se traçar esse conflito na própria forma do drama de Racine, não menos importante na tensão extraordinária entre o refinamento do verso e o material turbulento com o qual ele lida. Alguns desses nobres educados também são monstros libidinais. Como George Steiner comenta: "Um equilíbrio controlador é mantido entre a severidade fria da técnica e o impulso apaixonado do material".[27] Em termos formais, as peças mantêm profundo senso de ordem, mas é um senso que seu conteúdo continuamente ameaça quebrar. Em um nível diferente, no entanto, forma e conteúdo se espelham em sua economia rigorosa. Pode-se encontrar essa compactação na maneira como os enredos dramáticos unem elementos opostos, em suas constantes ironias, ambivalências, incompatibilidades, tiros pela culatra, autodestruições, propósitos cruzados, negociações duplas e autodivisões. Tudo isso cria um tipo de simetria negativa, de modo que a forma neoclássica das peças é menos uma questão de harmonia do que de frustrações paralelas. Em *Andrômaca*, por exemplo, Andrômaca ama o seu falecido marido, Heitor; Pirro ama Andrômaca; Hermione ama Pirro; e Orestes ama Hermione.

Essa unidade de opostos é refletida nas ironias e inversões do verso. Hipólito, em *Fedra*, é "arrastado pelos cavalos que as suas mãos alimentaram" (ato 5, cena 6); Orestes diz a Andrômaca que "eu mato um rei que reverencio" (ato 5, cena 4); "Eu amei muito bem para não detestá-lo agora" (ato 2, cena 1), Hermione comenta sobre Pirro em *Andrômaca*; "Eu abraço meu rival, mas é para sufocá-lo"

---

26 Critchley, Phaedra's Malaise. In: Felski (Ed.), *Rethinking Tragedy*, p.193.
27 Steiner, *The Death of Tragedy*, p.80.

(ato 4, cena 3), comenta Burrhus, em *Britânico*, enquanto o próprio Britânico fala de Agripina como tendo "casado com meu pai para causar a ruína dele" (ato 1, cena 4). A textura verbal das peças é carregada com essas imagens dialéticas, que servem como diversos exemplos locais da maneira pela qual, na escala maior dos próprios enredos, é a compressão – o fechamento abafado do mundo da nobreza – que ajuda a engendrar o conflito. Nesse espaço fechado e escassamente povoado, as ações e suas consequências formam uma malha de cuja dificuldade nenhum personagem pode se soltar.

A economia no nível da forma pode parecer destreza e concisão, mas, no caso do conteúdo, ela sugere um mundo em que tudo foi implacavelmente reduzido a poder e desejo. É lógico que a melhor peça de Racine, *Fedra*, deveria voltar-se para o amor incestuoso, já que o incesto, como vimos, é entre outras coisas uma questão de economia excessiva, pressionando a lógica dessa corja de aristocratas, muitos deles parentes de sangue, a um extremo intolerável. A linguagem das peças pode ser aparada e polida, mas fala de um Eros que é inerentemente anárquico. Além disso, o amor nesse mundo de determinismo libidinal é tão implacável e descontrolado quanto o ódio, uma condição na qual pode naufragar a qualquer momento.

O amor devasta e divide, em vez de curar e unificar, obedecendo à própria lei implacável e tornando aqueles em quem afunda suas garras odiosos e estranhos a si mesmos. Nesse reino de apetites conflitantes, outros devem ser possuídos ou destruídos. Em sua busca por autenticidade, nenhum compromisso é possível para os protagonistas. Uma heroína como Fedra, portanto, se junta com uma tradição de figuras trágicas, de Édipo, Filoctetes e Antígona a Clarissa (de Samuel Richardson), Karl Moor (de Schiller), Brand (de Ibsen) e Willy Loman (de Arthur Miller), que são tomados por uma exigência tão inexorável quanto o destino da Antiguidade clássica. Já vimos isso no caso de Antígona. Impelidos pela força de *Tânatos*, eles são levados primeiro à solidão e depois, tipicamente, à morte. O que substituiu o Absoluto é a natureza implacável da busca por ele.

Se esse empreendimento está fadado ao fracasso é sobretudo porque as exigências colocadas sobre nós pelo Deus psicopata do protestantismo radical, um deus diante do qual estamos sempre errados, são tão impossíveis de serem decifradas quanto o funcionamento burocrático do castelo de Franz Kafka. A lei divina é, ao mesmo tempo, vazia e imperiosa. Ela não faz sentido, mas é preciso submeter-se a ela mesmo assim. Para que seja inteligível, seria vinculada ao mundo da razão cotidiana, o que então significaria o fim de sua transcendência. Dada uma racionalidade livre de valores, não há base na razão sobre a qual verdades espirituais poderiam ser fundadas, de modo que, à medida que a razão se torna mais lúcida e precisa, a esfera do espírito se torna mais enigmática e obscura. O valor é banido para além das fronteiras do mundo empírico; ainda que isso signifique que podemos dizer pouco ou nada sobre ele (daí o silêncio eloquente do herói raciniano, como Goldmann o vê), a sua ausência, como um grito distante de dor ou horror, nunca deixa de nos assombrar.

Goldmann encontra um contexto histórico para a visão trágica de Racine em um processo de transição política, quando a chamada *noblesse de robe* é deslocada na França do século XVII por um estado burocrático centralizado, batendo em retirada desdenhosa do que vê como um mundo degenerado. Uma transição de tipo diferente está por trás da grande prosperidade do drama alemão no final do século XVIII e nos anos após 1800. *Götz von Berlichingen, Egmont, Ifigênia em Táuride* e *Torquato Tasso*, de Goethe; *Os ladrões, A conspiração de Fiesco em Gênova, Don Carlos, Wallenstein* e *Maria Stuart*, de Schiller; *Pentesileia* e *Príncipe Friedrich von Homburg*, de Kleist; *A morte de Empédocles*, de Hölderlin; todas essas obras pertencem a uma história tumultuada, sobre a qual *A morte de Danton*, de Georg Büchner, oferece uma reflexão mais tardia. A maioria delas são fábulas de autocracia e rebelião, liberdade e fraternidade, insurgência e absolutismo, despotismo e republicanismo, cujo principal protagonista, em uma Europa tropeçando em direção à revolução política, ou já apanhada em suas dores, é a ideia de liberdade. Como observa Schelling, é o alfa e o ômega de toda a filosofia. Em *Don Carlos*, de Schiller, o Marquês de Posa é uma figura tipicamente transicional, alguém que fala pela liberdade republicana, mas que o faz prematuramente, e, como resultado, encontra a morte nas mãos do Estado. Mesmo assim, a dinâmica da história furtivamente trabalha a seu favor.

Esse corpo de drama é acompanhado nos anos em torno da virada do século XVIII por um novo discurso conhecido como filosofia da tragédia. Ele marca uma mudança da tragédia para "o trágico", da própria forma de arte para uma visão política, religiosa e filosófica de maior alcance. Se a tragédia é a mais "filosófica" das formas artísticas, ou seja, aquela que nos tempos modernos mais regularmente chamou a atenção dos filósofos, em grande parte é porque fala de mais do que ela mesma. Ela dificilmente atrairia a atenção de um Schelling ou Hegel se fosse simples questão de heróis fracassados ou esperanças destruídas. Veremos mais tarde que essa corrente teórica se concentra mais no conflito entre liberdade e lei, espírito e Natureza, liberdade e necessidade, que ela considera a própria essência da arte trágica. Se essas reflexões são de tipo abstrato, há ainda mais necessidade de que sejam concretizadas pela arte. A filosofia pode dizer, mas a arte pode mostrar. Stephen Halliday argumenta que uma razão para a suspeita de Platão sobre a tragédia é que ele a via como uma forma embrionária de filosofia e, portanto, como grande adversária a ser enfrentada.[28] Com os idealistas alemães, os piores medos de Platão são tardiamente realizados. É na esteira da Revolução Francesa, no período de 1792 a 1807, que a teoria da tragédia prospera mais abundantemente, em um momento em que a própria história europeia parece ter tomado uma guinada cataclísmica. O derramamento de sangue em uma escala épica não está mais confinado ao palco de Sêneca.

28 Ver Halliday, Plato's Repudiation of the Tragic. In: Silk (Ed.), *Tragedy and the Tragic*.

A transição é um conceito vital na teoria da tragédia tanto quanto no teatro. Na visão de Hegel, a arte trágica grega representa um estágio específico no desdobramento do Espírito do Mundo, à medida que a perspectiva religiosa e política limitada da antiguidade clássica dá lugar a uma visão de mundo mais moderna. Uma noção corporativa do ético, mediada pela lei e imposta por um poder externo, é suplantada por uma moralidade mais interna e individual. É essa mudança histórica importante que o Hegel de *A fenomenologia do espírito* encontra, acima de tudo, no choque entre Creonte e Antígona. Como veremos mais tarde, a tragédia para Hegel desempenha papel fundamental na resolução de certas contradições estruturais dentro da civilização grega antiga: entre os reinos humano e divino, por exemplo, mas também entre a família, a esfera feminina e a vida privada, por um lado, que acalenta a noção de individualidade, e o Estado político, por outro, que ameaça negá-la. "A vida ética da pólis", observa Rainer Friedrich, "não tem espaço para individualidade autônoma."[29]

Se o Espírito deve evoluir, esse choque entre as esferas doméstica e política precisa ser resolvido; e a tragédia tem papel estratégico a desempenhar nessa situação, permitindo-nos uma visão da unidade que subjaz a essas reivindicações aparentemente antitéticas. A verdade da oposição é a identidade. O verdadeiro sujeito do drama trágico para Hegel não é essa ou aquela ação ou personagem, mas a chamada substância ética em si, que ele mostra ser, em última análise, indestrutível. Como algumas coisas medonhas na ficção científica, tão logo ela é despedaçada, une-se novamente. Na visão de Hegel, a arte trágica da Grécia antiga também tem o que Joshua Billings chama de "papel cognitivo específico em um momento histórico específico: é o meio pelo qual a Grécia antiga se torna consciente da inadequação de sua forma de religião", reconfigurando as

29 Friedrich, Everything to Do with Dionysus. In: Silk (Ed.), op. cit., p.277.

relações entre o humano e o divino.[30] A tragédia é, portanto, uma estação intermediária no caminho para o que Hegel vê como a única solução genuína desse problema, a saber, o cristianismo, em alguma versão revisionista da qual ele parece ter depositado a sua fé.

Hölderlin também vê a tragédia como uma forma essencialmente transicional. Como na obra de seu compatriota Walter Benjamin, a tragédia nos mostra a criação de uma ordem a partir do colapso da antiga, um projeto para o qual a morte sacrificial do herói é fundamental. Se essa morte significa derrota, também é a catalisadora da transformação social, uma "morte purificadora", segundo Hölderlin, consequência da qual a população se levantará em revolta. *Egmont*, de Goethe, pode servir como ilustração. Na visão de Hölderlin, estamos falando de uma arte preocupada não com a verdade atemporal, mas com a constante interrupção e renovação. Na verdade, Dionísio, o patrono divino da tragédia, é regularmente associado no pensamento de Hölderlin com a convulsão histórica. O *páthos* da forma reside no fato de que a nova ordem não pode nascer sem a aniquilação da antiga. Joshua Billings argumenta que o poeta alemão encontra em *Antígona* uma passagem de uma forma de política e teologia para outra. Visão semelhante do divino à de Creonte, mediada pela lei e autoridade política, entra em choque com o relacionamento mais intuitivo de Antígona com os deuses; um senso de divindade que olha desafiadoramente para uma era mais igualitária e individualista por vir. É um futuro "republicano", como Hölderlin ousadamente o chama, cujo nascimento violento sua própria era testemunharia. A tragédia grega antiga se torna prenúncio da revolução moderna.

Karl Marx foi outro que estava perfeitamente consciente da relação entre a tragédia e a transição. Como Hegel, ele considera Götz von Berlichingen, de Goethe, uma figura tragicamente deslocada, um descendente do século XVI da aristocracia em guerra com uma nova e mais cínica era da *Realpolitik*. Como defensor de valores

---

30 Billings, *Genealogy of the Tragic*, p.177.

consagrados pelo tempo como a honestidade e a fidelidade, Götz é rebaixado por uma ordem social emergente para a qual o poder está em processo de desatualizar a integridade moral. Na visão de Marx, algo do mesmo se aplica ao drama trágico de Ferdinand de Lasalle, *Franz von Sickingen*, cujo herói homônimo ataca o *status quo*, mas o faz como agente de uma classe nobre já em declínio. Como porta-voz de ideias revolucionárias, ele está de fato a serviço de interesses sociais reacionários.[31] Há também revolucionários prematuros – como Thomas Müntzer –, tema de um estudo clássico de Friedrich Engels, *The Peasant War in Germany* [*As guerras camponesas na Alemanha*], que fracassam não por causa de sua classe de origem, mas porque a hora política deles ainda não chegou.

Walter Benjamin tem uma visão tipicamente idiossincrática da natureza transicional da tragédia. O herói trágico, argumenta em *Origem do drama trágico alemão*, se encontra suspenso entre o antigo regime do mito e dos deuses e o nascimento de uma nova comunidade, uma que sua morte sacrificial ajudará a inaugurar. Não pertencendo totalmente a nenhuma das ordens, e eventualmente esmagado entre elas até a morte, ele fica preso entre a linguagem da lei antiga e da superstição e o discurso ainda inexprimível do futuro ético-político. Como vítima sacrificial, o herói trágico é um remanescente do *Ancien Régime*, mas também representa um princípio que é capaz de derrubá-lo e, como tal, prenuncia um futuro emancipado. Posicionado em um ponto de passagem violenta entre uma ordem e outra, o herói se recusa a se justificar aos olhos dos deuses e rompe com o destino – com o que Benjamin chama, no ensaio "Fate and Character" [Destino e caráter], de "a cadeia pagã sem fim de culpa e expiação", à qual São Paulo dá o nome de Lei.[32] É dessa repetição compulsiva, na qual não é difícil detectar a presença demoníaca da

---

31 Ver Marx; Engels, *On Literature and Art*, p.98-101. Ver também Prawer, *Karl Marx and World Literature*, cap.9.

32 Benjamin, Fate and Character. In: ______, *One-Way Street and Other Writings*, p.127.

pulsão de morte, que a tragédia se oferece para nos libertar, enquanto o herói transcende seu estado decaído por meio de sua morte sacrificial e entra em comunhão com a divindade. Em um ensaio anterior, Benjamin vê o protagonista trágico realizando algo que é possível apenas no tempo messiânico, em vez do secular, mas como ninguém pode realmente viver nesse modo de temporalidade, o herói deve morrer; morrer, por assim dizer, de sua própria imortalidade, que o remove do tempo vazio e eternamente não realizado que nós, mortais inferiores, somos forçados a habitar.[33]

A arte trágica, então, encena uma revolta contra os olímpicos, marcando uma mudança do ritual pagão para o ético-político, do mito para a verdade, do destino para a liberdade, da Natureza para a história, do domínio despótico de divindades guerreiras para um povo redimido. Aos olhos de Benjamin, entretanto, a insurgência do herói está fadada a ser prematura. Incapaz de articular uma nova forma de existência comunitária e impotente para escapar das garras do mito e do destino, ele é condenado a um silêncio eloquente ou à mudez moral. Se fica mudo, é porque deriva a sua identidade de uma ordem social ainda por nascer, que, uma vez surgida, aprenderá a linguagem de sua mudez. Como tal, ele tem a qualidade elusiva de todos os significantes da utopia. Oferecendo seu corpo aos poderes dominantes, ele, no entanto, preserva sua alma intacta e distante, referindo a salvação para o futuro, mas, uma vez que também recua diante da morte, essa perspectiva não lhe oferece grande consolo.

Consciente de sua superioridade moral sobre os Olímpicos, o protagonista é incapaz de dar a essa consciência uma forma tangível. Tudo o que ele pode fazer em tais condições imaturas é permitir-se ser imolado pela comunidade para aplacar a selvageria dos deuses. Por meio desse apaziguamento ritual, aqueles que o massacram em nome de um passado opressivo podem vir a reconhecer a injustiça dos céus e, ao fazê-lo, voltar seus olhos para um futuro liberto. É esse

33 Ver Benjamin, *Trauerspiel* and Tragedy. In: ______, *Selected Writings*, v.1.

projeto que Benjamin, inspirado por *História e consciência de classe*, de Georg Lukács, traduzirá mais tarde em termos políticos; assim como o bode expiatório do proletariado, perpetuamente sacrificado aos poderes dominantes, não mais mantém silêncio abjeto e se torna novamente consciente de seu *status* de vítima. Dessa maneira, ele forja os termos de uma nova comunidade e se liberta de sua escravidão ao mito, agora renomeado como ideologia. (Ideologia, observa Benjamin, é um modo de pensamento que sobreviverá tanto quanto o último mendigo.)

Em *Introdução à metafísica*, Martin Heidegger também vê a tragédia como um assunto de transição, mas de um ponto de vista político antitético ao de Benjamin. O poeta trágico, para Heidegger, é um transgressor de vanguarda que fala do que até então não foi pensado e não foi dito, guiado pelo poder do Ser para conceber um novo mundo à maneira de um estadista histórico-mundial (Heidegger, provavelmente, tem Hitler em mente). Ele é um arquiteto do mito em vez de seu crítico. A grande tragédia, então, é um ato revolucionário de fundação do mundo; e o destino infeliz de tais fundadores, profetas fora de sintonia com seus tempos que estão destinados ao martírio, é frequentemente assunto do próprio drama.

Para o estudo ambicioso e imaginativo de Timothy J. Reiss, *Tragedy and Truth* [*Tragédia e verdade*], a arte trágica encena uma aparição quando a ordem social e política está passando por uma profunda reorganização: a fundação da antiga pólis grega e os conflitos que levaram às guerras do Peloponeso, a formação do moderno Estado-nação e as batalhas religiosas da Europa do século XVI, o período do Romantismo e da revolução, e assim por diante. A tragédia desempenha papel fundamental na formação de um sistema de conceitos apropriados para esses tempos de tumulto, mas também mostra os limites desse conhecimento, permitindo-nos sentir certos significados que ele não pode incorporar. O trágico, portanto, aponta para um excesso ou uma impossibilidade de significado, que escapa a determinado regime de conhecimento e, nesse sentido, é uma força radical. No entanto, também ajuda a regular esse excedente potencialmente desestabilizador. Ao reduzi-lo a uma ordem estabelecida de referência, racionalidade e representação, ele ganha a desconfiança de foucaultianos como Reiss, para quem qualquer sistema desse tipo cheira a opressão.

Por um lado, então, a tragédia representa o inexprimível no cerne de uma ordem social ou discursiva. Por outro, ela ajuda a recuperar essa matéria indisciplinada para o conhecimento convencional, "trazendo racionalidade ao mostrar o que pode ser denominado de irracional dentro dessa racionalidade".[34] É uma maneira de neutralizar a ameaça representada pelo ininteligível. Reiss observa que "a tragédia é tanto o momento de crise quanto a sua resolução".[35] Uma visão tradicional da tragédia como reconciliação é traduzida para a linguagem da teoria contemporânea. Mas, enquanto alguns pensadores anteriores encontram conforto nesse acordo, Reiss, que trata toda ordem e estabilidade – na verdade, todo conhecimento sistemático – como sombriamente suspeitas, e cujo estudo é atado com uma pitada de pessimismo político de Michel Foucault, vê a arte trágica como uma maneira de se apropriar de forças que poderiam, de outra forma, miná-la. Pode ser um relato persuasivo da *Oresteia*, mas dificilmente de *The White Devil* [*O diabo branco*] ou *All for Love* [Tudo *por amor*].

Fredric Jameson vê o modernismo artístico como algo que surge de um processo de modernização que ainda não seguiu seu curso. Perry Anderson argumenta de forma semelhante que é o impacto da modernidade em sociedades que permanecem em alguns aspectos pré-modernas que responde por grande parte da força disruptiva da arte modernista.[36] Uma vez que a atividade de se tornar moderno

34 Reiss, *Tragedy and Truth*, p.284.

35 Ibid., p.302.

36 Ver: Jameson, *A Singular Modernity*, parte 1; Anderson, Modernity and Revolution, *New Left Review*.

esteja completa, o Modernismo, como movimento artístico, tende a desaparecer de vista. Em geral, é o produto de civilizações que, nos termos de Max Weber, estão cada vez mais "desencantadas", mas que ainda são ricamente mobiliadas com mitos, fábulas, contos populares e o sobrenatural. Pode-se explorar esses recursos como um refúgio das características mais desagradáveis da modernidade ou como estruturas simbólicas dentro das quais se pode dar sentido a ela. O secular ainda não está tão bem entrincheirado a ponto de ter apagado todos os vestígios do sagrado, dos quais dentre os mais vitais está a própria arte. Para Martin Heidegger, somente pela exploração de tais preciosas reservas simbólicas a humanidade pode ser redimida. Nós, modernos tardios, vivemos nas garras de uma época de transição, enquanto o reinado da metafísica, do racionalismo socrático e da tecnologia ocidental chega ao fim e uma nova cultura mitológica luta para nascer. Nessa passagem histórica, a sabedoria dos trágicos gregos se mostrará indispensável.

O Modernismo, então, é um fenômeno de transição, o que é sem dúvida uma das razões pelas quais ele é tão bem abastecido com exemplos de arte trágica. A esse respeito, ele pode ser contrastado com seu sucessor pós-moderno. No drama de Ibsen e Tchekhov, noções de liberdade e esclarecimento criadas em grande parte na cidade foram levadas para o campo para travarem combate com os costumes obstinados de uma ordem rural arraigada.[37] Mas essa ordem, sobretudo no caso de Tchekhov, está morrendo de pé, sitiada por forças sociais e comerciais disruptivas, enquanto o pomar de cerejeiras na peça desse título passa da posse da nobreza proprietária de terras para o bolso de um empresário que se fez sozinho. Veremos mais tarde que estar suspenso dessa forma entre o passado e o futuro origina, em alguns dos personagens de Tchekhov, um grau de autoconsciência irônica, enquanto os filósofos sem importância olham

37 Para meus propósitos aqui, trato o naturalismo de Ibsen *à la* Georg Lukács como uma forma de modernismo.

melancolicamente para um futuro emancipado no qual sabem que não desempenharão nenhum papel e que requer seu próprio desaparecimento do registro histórico. Pode realmente haver esperança, mas não para eles. Presas entre uma nostalgia apática pelo passado e um anseio infrutífero pelo futuro, essas figuras rompidas e queimadas, suas cabeças recheadas de ninharias e etiquetas semiesquecidas, vivem em um mundo de impasse emocional. O tédio é tão contagioso quanto a febre tifoide, e todo o senso de propósito histórico entrou em colapso em pura contingência. Tudo o que se pode agora compartilhar com os outros é o senso de solidão. No entanto, em um triunfo da forma dramática, as peças tecem vozes lamentosas e personalidades excêntricas em um todo primorosamente orquestrado. Eles também são mantidos juntos por sua notável consistência de humor.

Há personagens no teatro de Henrik Ibsen para quem o futuro já está vagamente presente: almas iluminadas como John Rosmer de *Rosmersholm*, cujos valores progressistas estão em desacordo com as devoções da Noruega rural conservadora. O problema, no entanto, é que se o futuro está latente no presente, o passado persiste lá também, de modo que o momento contemporâneo se torna o terreno em que passado e futuro se encontram em um impasse, e homens e mulheres são esmagados por sua colisão. Se os obstáculos à liberdade fossem simplesmente externos – padres moralistas, administradores desonestos, funcionários corruptos e coisas semelhantes –, a situação não seria tão terrível. A verdade, no entanto, é que o impulso pela liberdade é autofrustrante, corroído por dentro pela culpa e dívida que acumula. Não pode haver liberdade sem danos aos outros. As próprias fontes da verdade e da liberdade estão poluídas. August Strindberg compartilha a mesma visão sombria em peças como *The Father* (*O pai*) e *Easter* (*Páscoa*). E há legados letais no sangue, não apenas na sociedade.

Nas cidades estreitamente unidas das províncias, onde as vidas individuais estão mais intimamente interligadas do que na cidade anônima, parecia haver uma lei que a autorrealização envolvesse o sacrifício ou a traição de outros. "Os homens abrem caminho através de muitos laços para chegar à felicidade", observa Miss Hessel em *Pillars of the Community* [*Pilares da comunidade*], que é uma das razões pelas quais essa felicidade continuamente se transforma em cinzas em suas bocas e a alegria do espírito livre cai em remorso e autocensura. "Ser plenamente você!", exclama Brand, de Ibsen. "Mas como, com o peso da herança do pecado?" As aspirações nobres acabam tendo suas raízes no crime e na retribuição, em dívidas morais e obrigações paralisantes que nunca podem ser cumpridas. Nesse sentido, o tema de Ibsen do começo ao fim é o pecado original. Somos herdeiros de um legado contaminado que nunca fomos convidados a escolher, mas que vicia nossas ações pela raiz. É condição prefigurada em alguma tragédia romântica, com seus protagonistas desalojados, cheios de culpa e remorso, assombrados pelo crime inominável de serem eles mesmos. Em Ibsen, as fontes da identidade de alguém são obscuras em ambos os sentidos do termo: moralmente desonrosas, mas também indeterminadas, de modo que há momentos em que não fica claro se um crime foi cometido ou não.[38] Isso também é verdade para a mais ibsenita das peças de T. S. Eliot, *The Family Reunion* [*A reunião de família*]. O individualismo burguês pressupõe que alguém é proprietário de seu destino; no entanto, no emaranhado de causa e efeito humanos, nem sempre é fácil dizer quem é o dono de uma ação, ou se alguém agiu, ou se o que parece ser resultado de sua própria iniciativa é um caso secretamente colaborativo. Talvez alguém seja autor e vítima dos eventos. É você ou o passado que determina seu destino, e até onde tentar fugir do seu destino pode levá-lo a se lançar em direção a ele? Se não estamos longe do mundo de Édipo, não é apenas porque ele próprio está preso nessa contradição, mas porque o pecado original é universal. A possibilidade de dano mútuo está embutida na interdependência dos seres humanos.

38 Ver Moretti, *The Bourgeois*, p.171.

O impulso vanguardista de se libertar da culpa esquecendo o passado histórico, abrindo espaço para um novo começo, é desmascarado como uma fantasia. Sempre há muita história para isso. Em termos de volume absoluto, o passado tem vantagem sobre o presente, e aqueles que buscam se livrar dele são também produtos dele. Esquecer o passado é, em si, um ato histórico. A vitória, observa Rosmer, nunca é conquistada por uma causa que tem raízes na culpa; no entanto, no entrelaçamento das vidas humanas, de qual causa isso não é verdade? Benjamin Constant fala em suas "Reflections on Tragedy" ["Reflexões sobre a tragédia"] de como a rede de instituições "que nos envolve desde o nosso nascimento e não é quebrada até a nossa morte" é o equivalente moderno do destino dos antigos;[39] e em nenhum lugar isso é mais óbvio do que no teatro de Ibsen, onde a mão morta do passado se estende para esmagar o protagonista no exato momento em que ele busca fechar o punho sobre a verdade, a liberdade, a alegria e a inocência; ideais que não devem ser desprezados, mas que estão sempre comprometidos e contaminados.

A obra de Ibsen, escreve Raymond Williams, revela a tragédia de "um homem no auge de seus poderes e nos limites de sua força, ao mesmo tempo aspirando e sendo derrotado, liberando e sendo destruído por suas próprias energias".[40] Muito de seu *páthos* surge do fato de que a derrota em questão não é apenas um acidente, como se o herói pudesse ter vencido, mas que, por acaso, fracassasse. Pelo contrário, é a necessidade desse fracasso que é tão marcante; a dialética mortal pela qual a liberdade se transforma em escravidão, a autorrealização é ligada ao ódio a si mesmo, a verdade é construída sobre uma mentira e os mortos determinam os vivos tanto quanto na *Oresteia*. Se as montanhas são símbolo de liberdade, seu frio gélido também ressoa com a morte. Há uma base social para essas

39 Constant, Reflections on Tragedy. In: Daniels, Barry V. (Ed.), *Revolution in the Theatre*, p.107.

40 Raymond Williams, *Modern Tragedy*, p.87.

contradições. O que está em jogo é o dilema central da sociedade liberal: o fato de que meu direito à autorrealização é absoluto, mas, da mesma forma, o seu também é, e não está claro como uma guerra até a morte entre nós pode ser evitada. Alguém se mantém em confiança sagrada, de modo que Nora, de *Uma casa de bonecas*, deve agir de acordo com essa obrigação implacável para consigo, ainda que isso signifique abandonar seus filhos. Sacrificar o eu, protesta Irena em *Quando despertarmos de entre os mortos*, é um ato de autoassassinato. Mas insistir na autorrealização de alguém pode envolver um pecado mortal contra os outros, como acontece com toda uma linha de protagonistas ibsenitas, de Karsten Bernick a Arnold Rubek. Como na ficção tardia de Charles Dickens, é o crime que está na raiz da realização. As peças admiram a visão audaciosa do empreendedor, o equivalente moderno do herói épico, mas eles também estão bem cientes da violência e da ilegalidade desses aristocratas espirituais, com busca implacável deles por interesse próprio e desprezo senhorial pela *canaille*.

"Duas almas habitam o peito de todo burguês completo", escreve Werner Sombart, "a alma do empreendedor e a alma do respeitável homem de classe média [...] o estímulo ao empreendimento é síntese da ganância por ouro, do desejo de aventura, do amor pela exploração [...] [enquanto] o espírito burguês é composto de cálculo, política cuidadosa, razoabilidade e economia."[41] O esforço capitalista, em suma, está em guerra com a moral burguesa. No entanto, ele também precisa dessa estrutura para prosperar. Como Franco Moretti aponta, o drama de Ibsen não gira em torno da luta entre o capital e o trabalho, mas em um conflito *dentro* da classe média, entre os pioneiros e ousadamente transgressores capitães da indústria e os pastores e políticos respeitáveis e sufocantes.[42] Entre outras coisas, é uma disputa entre aqueles que olham ansiosamente para o futuro

41 Sombart, *The Quintessence of Capitalism*, p.202 e 222.

42 Ver Moretti, *The Bourgeois*, p.170.

e aqueles que permanecem presos no passado. O pedante Rummel de *Pillars of the Community* expressa a esperança piedosa de que "o novo empreendimento [as ferrovias] não perturbará os fundamentos morais sobre os quais agora nos apoiamos", mas esses dois aspectos da sociedade de classe média não são fáceis de conciliar. O empreendedor é um aventureiro imprudente e aproveitador com mais do que um toque de fora da lei sobre ele, perpetuamente em perigo de desrespeitar as próprias normas que servem para legitimar sua atividade. Nietzsche, que não tem consideração nem pelo consenso social nem pela moralidade ortodoxa, está imprudentemente preparado para sacrificar esses motes ao dinamismo infinito do *Übermensch*,[43] uma figura que não se rebaixa à lei de ninguém além da sua. Para Hegel, todos os grandes legisladores são também infratores, arautos do futuro que estão fadados a parecer delinquentes aos olhos do presente tímido. Raskolnikov propõe a mesma visão em *Crime e castigo*, de Dostoiévski, em uma época em que o artista, o criminoso, o aventureiro e o gênio do mal estão se tornando cada vez mais difíceis de distinguir.

Em *The Master Builder* [*O mestre construtor*], de Ibsen, Hilde Wangel é uma nietzschiana de sangue puro, insistindo que aqueles de "uma consciência forte cheia de saúde" devem se apegar firmemente ao desejo sem o menor traço de culpa ou receio de escrúpulos. Ibsen admira esse aristocratismo espiritual, principalmente por sua bravura e brio; no entanto, diferentemente de Nietzsche, o funcionário assediado, a esposa abusada ou o engenheiro decadente têm tanto direito à sua simpatia imaginativa quanto esses pioneiros mais extravagantes do espírito humano, e parte do poder de seu teatro reside em sua prontidão para estender o *status* de tragédia a essas criaturas comuns. Isso também vale para a ficção contemporânea de Thomas Hardy. Brand, Borkman, Hedda Gabler e Arnold Rubek, de *Quando despertarmos de entre os mortos*, são protagonistas trágicos no sentido

43 "Além-do-homem"/"super-homem". (N. E.)

clássico do termo: famintos, diabólicos, em busca firme por poder, verdade ou glória em condições sociais demasiado lúgubres pequeno-burguesas para oferecer-lhes muito mais do que o impasse e o desencanto. No entanto, é a prontidão de Ibsen em reconhecer a tragédia de almas menos glamourosas que o distingue de Calderón ou Corneille. É com seu teatro acima de tudo que a frase "tragédia burguesa" deixa de ser um duplo oxímoro; duplo, porque a visão burguesa é geralmente considerada mais entusiasmada do que desanimada, mas também porque a tragédia é tradicionalmente considerada reserva de deuses, heróis e nobres, em vez de província de médicos, advogados e contadores.

Se o presente for invadido por um passado que bloqueia a possibilidade de futuro, a história pareceria um impasse e todo o conceito de desenvolvimento linear começa a se desfazer. Há algo dentro do movimento progressivo do espírito livre ou empreendedor visionário que ameaça miná-lo, reduzindo a narrativa ao impasse, o movimento perpétuo à paralisia eterna. Como os obstáculos à liberdade estão inseridos nela – já que, no final, eles não são nada menos do que nós mesmos –, segue-se que a vitória e a derrota, a criação e a destruição, a realização e a frustração são sincrônicas em vez de sequenciais. Como Ulfheim observa em *Quando despertarmos de entre os mortos*, "você chega a uma encruzilhada onde não pode ir para frente ou para trás. E lá você fica preso" (ato 2). Quando a ideia de transição é pressionada ao extremo – quando duas ordens concorrentes, uma morrendo e a outra se esforçando para nascer, chegam a um ponto de impasse –, o resultado provavelmente será a interrupção ou o colapso do próprio tempo, junto com a perda de fé de que seus crimes e injustiças podem ser reparados internamente. É assim que o tempo naturalista no teatro de Ibsen entra em crise em uma imagem dialética suspensa entre a vida e a morte, um momento dentro e fora do tempo que sinaliza derrota e transcendência: enquanto Rosmer e Rebekka saem para seu *Liebestod* na ponte sobre o riacho do moinho, Solness fica de pé no topo de sua torre por um momento de triunfo vertiginoso antes de mergulhar na terra, o espiritualmente moribundo Borkman sobe para o ar livre das montanhas para morrer na neve, e Rubek e Irena escalam os picos das montanhas juntos para perecerem em uma avalanche. O suicídio de Rosmer e Rebekka significa fé renovada no futuro, mas também é capitulação ao passado obscuro. O mesmo pode ser dito dos finais de *John Gabriel Borkman* e *Quando despertarmos de entre os mortos*.

Caberá a uma gama de dramaturgos que escrevem na esteira de Ibsen romper com o quadro temporal naturalista, optando, em vez disso, por um palco no qual esse congelamento do tempo pode ser diretamente dramatizado. Não haverá mais questão de transição, uma vez que a própria ideia sugere confiança na evolução linear amplamente ausente das narrativas oníricas e desconexas do teatro expressionista, da temporalidade lenta de um Tchekhov, das montagens dramáticas de um Brecht ou das peças teatrais sem trama de um Beckett. O próprio Modernismo pode ser um fenômeno de transição, mas algumas de suas obras estão em busca de um presente eterno, equilibrado no ponto imóvel do mundo em transformação, onde passado, presente e futuro são unidos. Não é como se a história estivesse se precipitando em direção à catástrofe, mas que ela não está mais em movimento.

Vimos que há dramas trágicos que estão presos entre um mundo arcaico e mitológico e um mais racional e emancipado. Jennifer Wallace vê um pouco de tragédia norte-americana moderna nesses termos, já que imigrantes de culturas europeias com credos e costumes antigos se encontram lutando para esculpir uma nova identidade para si mesmos no presente perpétuo dos Estados Unidos.[44] Albert Camus identifica duas grandes eras trágicas: a da Grécia antiga e um período que começa com Shakespeare e termina com Calderón e Racine. Ambos os períodos da história, Camus argumenta, são marcados por "uma transição de formas de pensamento

44 Ver Wallace, *The Cambridge Introduction to Tragedy*, p.75.

impregnadas com as noções de divindade e santidade para formas inspiradas por conceitos individualistas e racionalistas".[45] Em termos lacanianos, pode-se ver isso como uma passagem do Imaginário para o Simbólico, já que a esfera das imagens e intuições dá lugar ao domínio da lei, razão e discurso, e as intimidades da família cedem à esfera impessoal da pólis. Pode-se até sugerir que tais obras mantêm algo de relação edipiana com o passado, lutando para se libertar de sua autoridade, mas incapazes de sacudir a poeira dos calcanhares. O impulso para a libertação se enreda naquilo que busca escapar. Em um nível pessoal, aqueles que buscam entrar na ordem simbólica devem evitar ser atraídos de volta para o reino pré-político dos laços de sangue e laços de afeição, evidentes, acima de tudo, no intenso apego da criança ao seu cuidador. É essa passagem que Hamlet fracassa completamente em realizar. A questão da transição, então, não é tão remota quanto se poderia imaginar do assunto do incesto, que, como vimos, é uma preocupação permanente da arte trágica.

45 Camus, On the Future of Tragedy. In: ______, *Lyrical and Critical Essays*, p.298.

4
Mentiras profícuas

A ideologia como racionalização da injustiça ou da opressão é ao menos tão antiga quanto o Livro de Jó, mas parece ser com Platão que ela faz a primeira aparição como o cultivo deliberado da falsa consciência. A maioria das ideologias não é conspiratória dessa forma. Muitos dos mitos vendidos às pessoas comuns também são acreditados por aqueles que os propagam, embora veremos em breve uma ou duas exceções. Disseminar crenças que eles sabem serem falsas não é como os governantes normalmente permanecem no poder, principalmente porque eles sempre podem ser pegos. Uma razão pela qual os políticos são evasivos é porque eles estão tentando não mentir, por razões de prudência em vez de probidade. No entanto, pode não haver distinção muito clara entre as ficções conscientes e as inconscientes. Em um dos melhores dramas irlandeses contemporâneos, *Observe the Sons of Ulster Marching Towards the Somme* [*Observe os filhos de Ulster marchando em direção a Somme*], de Frank McGuinness, Kenneth Piper, o homossexual, dissidente e satírico *outsider* da peça, acaba assumindo a liderança de seus companheiros soldados, exortando-os à batalha com uma explosão de chauvinismo belicoso de

Ulster. É difícil decidir se Piper finalmente foi reivindicado pela mão morta do passado imperial de sua família ou se, como artista talentoso, ele está compassivamente criando uma ficção heroica para jovens camaradas que estão prestes a ser massacrados. Piper acredita em sua própria propaganda ou não? Talvez a oposição não seja tão clara quanto parece.

No terceiro livro de *A República,* Platão propõe um mito político tão ousado que até ele parece incomodado com a narrativa. A ideia é persuadir os governantes, soldados e pessoas comuns de que sua juventude era um sonho, que, embora parecesse a eles que estavam sendo criados e educados na sociedade humana, eles estavam de fato sendo formados no ventre da terra e então expelidos no mundo superior. Como a terra era mãe e ama, eles se sentiriam obrigados a defender de ataques aquela região conhecida como sua terra natal. Curiosamente, então, a ilusão em questão consiste em convencer os cidadãos de que eles têm vivido uma ilusão. Alguém se pergunta sobre a competência de um exército e de uma classe governante crédulos o suficiente para engolir essa nobre mentira, mas ainda há coisas mais implausíveis por vir. Os cidadãos também devem ser informados de que Deus os enquadrou de maneiras distintas, misturando ouro com a composição dos governantes, prata com os destinados a serem auxiliares ou ajudantes da classe dominante, e bronze e ferro com a composição de tipos mais servis, e que nada deve ser mais zelosamente guardado do que esse mecanismo de seleção natural. Se o filho de um pai de ouro ou prata nasce com uma mistura de bronze ou ferro, ele deve ser relegado sem escrúpulos para as classes mais baixas; no entanto, um princípio meritocrático também está em ação, já que filhos de artesãos nascidos com algum elemento de ouro ou prata podem subir na hierarquia social para assumir seu lugar como guardiões ou auxiliares. Os seres humanos são compostos em parte de materiais naturais que determinam seu *status* social, de modo que ninguém pensaria em ressentir-se de sua própria posição ou da dos outros mais do que alguém se sentiria ofendido pelo piscar de uma estrela. Isso é a ideologia "naturalizante" no sentido mais literal do termo.

Na ordem social ideal de Platão, os governantes teriam o monopólio da mentira. Eles teriam permissão para proferir falsidades em prol do bem público, mas penalizariam qualquer outra pessoa que fosse pega fazendo isso. Para um conjunto de pensadores pós-platônicos, o que os governantes precisam manter em segredo, acima de tudo, não é a proveniência de cidadãos individuais, mas as origens desagradáveis do poder político. A maioria dos Estados é resultado de guerra, invasão, revolução ou extermínio, uma transgressão primordial que é vital esconder daqueles que podem precisar ser recrutados em defesa do reino. O pecado original da soberania ameaça contaminar a história que flui dela e, portanto, deve ser suprimido. E se a lei e a ordem não fossem mais do que o resultado da amnésia coletiva, como as fontes desagradáveis de autoridade são empurradas profundamente para o inconsciente político?

Se investigarmos as origens das nações, adverte David Hume, estamos fadados a encontrar rebelião e usurpação. "Somente o tempo", ele escreve, "dá solidez ao direito [dos governantes]; e operando gradualmente na mente dos homens, reconcilia-os com qualquer autoridade e faz que pareça justo e razoável."[1] Para Edmund Burke, a hegemonia também é questão da passagem dos anos. "O tempo", segundo Burke, "tem, gradualmente [...] misturado e coligado os conquistados com os conquistadores."[2] Se ele está indignado com a Revolução Francesa, é sobretudo porque "todas as ilusões agradáveis que tornaram o poder gentil e a obediência liberal [...] devem ser dissolvidas pelo novo império conquistador da luz e da razão. Toda decente vestimenta da vida deve ser rudemente

---

1 Hume, *A Treatise of Human Nature*, p.566.

2 Edmund Burke, Letter to Sir Hercules Langrishe. In: McDowell, *The Writings and Speeches of Edmund Burke*, v.9, p.614.

arrancada".[3] O poder, na visão de Burke, deve enganar os sentidos, gerando nobres enganos e ficções edificantes. É de elevação e consolo que a população precisa, não da verdade. "Um homem sábio", observa Matthew Arnold sobre as origens da propriedade e do Estado, "não aprovará as violências de uma época de confisco; mas, se as coisas se acalmarem, ele nunca pensaria em propor o contraconfisco como uma expiação por essas violências. É muito melhor que as coisas se acalmem e que o passado seja esquecido."[4] Uma vez que o crime primordial da nacionalidade é enterrado no passado, todos podemos nos tornar agradavelmente indiferentes a ele. A violência que estabeleceu originalmente o Estado agora é sublimada na sua defesa militar. A hegemonia política é fruto da memória fraca. Uma nação, observa Ernest Renan, é definida tanto pelo que esquece quanto pelo que lembra. No drama *Wallenstein*, de Friedrich Schiller, o protagonista comenta que "A marcha dos anos tem o poder de santificar;/ O que ficar cinza com a idade, os homens chamarão de sagrado./ Uma vez na posse, você está correto" (ato 1, cena 4).

Montaigne zomba de investigações abstrusas sobre tais assuntos, enquanto Pascal adverte em seus *Pensamentos* que "a verdade sobre a usurpação [original] não deve ser tornada aparente: ela surgiu originalmente sem razão e se tornou razoável. Devemos ver que ela é considerada autêntica e eterna, e suas origens devem ser escondidas se não quisermos que ela acabe logo".[5] Nesse aspecto, pelo menos, não é preciso falar a verdade ao poder, pois o poder já conhece a verdade. Immanuel Kant também considera a especulação sobre as fontes de autoridade política uma ameaça ao estado.[6] "O contentamento, a boa consciência, a ação alegre, a confiança no futuro",

3 Edmund Burke, Reflections on the Revolution in France. In: Canavan (Ed.), v.2, p.170.

4 Arnold, The Incompatibles. In: Super (Ed.), *The Complete Prose Works of Matthew Arnold*, v.9, p.243.

5 Pascal, *Pensées*, p.46-47.

6 Ver Reiss (Ed.), *Kant's Political Writings*, p.143.

declara Friedrich Nietzsche, "todos eles dependem da existência de uma linha escura dividindo o brilhante e o discernível do não iluminável e escuro; de alguém ser tão capaz de esquecer quanto de lembrar na hora certa."[7] Em suas *Considerações sobre a França*, Joseph-Marie de Maistre argumenta que o poder político sobrevive apenas enquanto suas fontes estiverem envoltas em mistério. Para esse propósito, Maistre defende a difusão de ficções úteis entre a população, que é, em qualquer caso, incapaz de viver de outra coisa senão do erro. Ela deve ser persuadida a se submeter à autoridade absoluta do altar e do trono, não importa quão brutais ou ignorantes esses poderes possam ser.

Outro escândalo a ser mantido longe dos ouvidos das massas é o fato de que Deus, o fundamento do valor moral e da ordem social, não existe; ou, se existe, que seus poderes foram drasticamente superestimados.[8] A devoção do povo deve ser isolada do ceticismo da intelectualidade. Voltaire, que pensava que a multidão seria sempre ignorante, estava ansioso para que seus empregados domésticos não fossem infectados pela heterodoxia religiosa dele. Em seu tratado teológico *Pantheisticon*, o filósofo irlandês John Toland (nada menos que um radical) insiste que as verdades da Razão devem ser mantidas distantes das superstições da multidão. David Hume está igualmente ciente do abismo entre os eruditos e os ignorantes nessas questões, mas sustenta que uma versão moderada da religião, uma na qual ele próprio não acredita, pode ajudar na estabilidade política.[9] Thomas Jefferson também sustenta que a fé em Deus é vital para a coesão social, embora não fosse uma fé que ele compartilhasse. O igualmente ímpio Edward Gibbon tem a mesma visão.

---

7 Apud Pearson, *Nietzsche*, p.55.

8 Discuti essa questão com mais detalhes em Eagleton, *Culture and the Death of God*, cap.1.

9 Ver Hume, *Dialogues Concerning Natural Religion and the Natural History of Religion*, p.153.

Max Weber observa em seu célebre ensaio "Ciência como vocação" que apenas alguns poucos corajosos podem aceitar que o mundo não tem significado inerente, e que, para aquelas almas tímidas que recuam diante dessa verdade, "as portas das velhas igrejas estão abertas ampla e compassivamente".[10] A mesma preocupação em esconder o fato de que os valores morais não têm fundamento firme pode ser encontrada nos escritos do teórico político nazista Carl Schmitt e do pensador neoconservador Leo Strauss. O cidadão e o filósofo devem ser mantidos estritamente separados. Dado que a humanidade não pode suportar muito a realidade, a civilização para todos esses pensadores depende do cultivo diligente da falsa consciência. Somente uma conspiração cuidadosamente sustentada pode aceitar o racionalismo radical e a insatisfação política. A inclinação metafísica das massas é a apólice de seguro de seus governantes. É uma política que provavelmente trará benefícios substanciais, já que, de acordo com La Rochefoucauld, um autor que se orgulha de ser difícil de enganar, "algumas falsidades disfarçadas são tão parecidas com verdades que seria um erro não ser enganado por elas".[11]

Caberia a Nietzsche desafiar os poderes governantes sobre a questão da Divindade, mas, uma vez que ele não tem mais fé do que Voltaire ou Friedrich Schiller de que as pessoas comuns poderiam ser esclarecidas sobre esse ponto, ou mesmo sobre qualquer outro, seu anúncio teatral da morte de Deus é tão politicamente estéril quanto filosoficamente notável. Na verdade, apesar de denunciar a nobre mentira de Platão em *A vontade de poder*, ele também fala em defesa das devoções do povo; com certeza, não no interesse da ordem social, e não simplesmente porque à plebe pode ser permitido sofrer de sua própria ignorância, mas porque é da austeridade e do autossacrifício que o *Übermensch* aprenderá a sua autodisciplina, e a fé cristã pelo menos proferiu isso. É preciso se submeter a tal regime moral para

10 Weber, Science as a Vocation. In: Gerth; Mills (Ed.), *From Max Weber*, p.155.

11 La Rochefoucauld, *Maxims and Moral Reflections*, p.36.

se elevar completamente acima da moralidade. É assim que um dos adversários mais eloquentes do cristianismo está aparentemente contente em ver seus concidadãos subindo devotamente para os bancos de igreja.

Platão pode tentar enganar as massas com seus contos de fadas, mas ele também acredita que elas são de todo modo mistificadas, afundadas em preconceitos irrefletidos (*doxa*), em vez de viverem pela luz constante da verdade. Para Espinosa, que tem uma visão igualmente degradante das pessoas comuns, aqueles que não vivem de acordo com a razão ocupam uma esfera imaginária na qual julgam o mundo apenas de acordo com as próprias necessidades, apetites, afeições e aversões. Essas pessoas devem ser governadas por meio de mitos e símbolos, e não devem tentar ler obras como as de Espinosa, pois estão fadadas a interpretá-las mal. Somente a razão nos permitirá saltar para fora de nossa pele e ver as coisas como elas são. Somente contemplando o mundo *sub specie aeternitatis* podemos ser libertados da devastação do tempo e do despotismo do desejo. O antropocentrismo é o estado natural da humanidade, assim como o desejo de autopreservação é sua condição biológica. Esse egocentrismo decorre de nossa existência como corpos materiais, julgando as coisas não pela lei eterna da razão, mas de acordo com o quanto elas deleitam ou repugnam nossos sentidos. Dessa maneira, o paradigma da experiência cotidiana é a arte, que não faz mistério sobre apreender o mundo de um ângulo sensorial e subjetivo.

Uma das fantasias mais arraigadas de Espinosa é a crença de que poderíamos agir de outra forma, dado que ele próprio é um determinista de sangue puro para quem a liberdade é a *apatheia* ou a serenidade da mente que brota do conhecimento de que as coisas não poderiam ser diferentes. Ser verdadeiramente livre é compreender a necessidade do que vemos ao nosso redor e, ao fazê-lo, aumentar nosso poder sobre o mundo. É porque as massas são ignorantes das causas reais que elas confundem a própria vontade com a fonte de suas ações. Quando se trata da ordem comum da natureza, a mente tem apenas um conhecimento "confuso e mutilado"[12] de si mesma, do corpo e de outros objetos materiais. Onde Espinosa difere de Platão, no entanto, é em sua fé de que essa ignorância pode ser remediada. O povo não precisa ficar mergulhado em ilusão. Seus desejos são maleáveis o suficiente para serem remodelados, e é essa tarefa, em vez de fomentar ficções politicamente oportunas, que cabe ao filósofo esclarecido.

Foi por conta dessa fé que o nome de Espinosa foi temido e vilipendiado entre as classes governantes da Europa. Condorcet se viu em acordo com seu colega holandês: "Qual moralidade pode realmente ser esperada", ele pergunta, "de um sistema cujo princípio era que a moralidade do povo deve ser fundada em opiniões falsas, que os homens esclarecidos tinham o direito de enganar os outros, desde que os provessem com enganos úteis, e que pudessem justificadamente mantê-los nas correntes que eles próprios sabiam como romper?".[13] É um resumo sucinto de todo o empreendimento desacreditável. O herdeiro de Condorcet a esse respeito é Sigmund Freud, que em *O futuro de uma ilusão* descarta as noções religiosas como contos de fadas contados a crianças, e que, no estilo do Iluminismo tardio, contempla um futuro que dispensaria tal ópio. O fato de que um grau de ilusão é constitutivo do ego não precisa implicar uma crença em duendes ou estátuas da Virgem em lágrimas.

Talvez a neurociência seja o equivalente contemporâneo do determinismo espinosista. Raramente a noção de liberdade foi tão popular na prática e tão suspeita na teoria. A cidadania em geral assume que é livre, enquanto um pequeno grupo de geneticistas e neurocientistas vê seu comportamento como efeito de disparos neurais ou herança genética, e sua consciência como uma ilusão. No entanto, assim como havia ateus enrustidos na Inglaterra vitoriana que se infiltravam na igreja em prol da estabilidade social, esses

12 Espinosa, *Ethics*, p.62.

13 De Condorcet, *Sketch for a Historical Picture of the Progress of the Human Mind*, p.109.

homens e mulheres se comportam de maneiras que podem ser consideradas contraditórias com suas próprias doutrinas científicas. A sociedade humana, nessa visão, é uma invenção na qual suspendemos nosso ceticismo do livre-arbítrio e nos juntamos às massas confusas e amantes da liberdade em prol de uma vida tranquila. Assim como para David Hume, demasiada especulação teórica provavelmente fará com que a existência social seja paralisada.

O que é falsificador para Espinosa não é tanto um *corpus* de mitos, mas a própria experiência vivida, que não nos dará acesso à verdade eterna. Isso também é verdade para o espinosista de esquerda Louis Althusser, para quem a ideologia não oferece acesso ao reino da Ciência ou da Teoria. Assim como nas esferas fenomenal e numênica de Kant, vivemos em mundos divididos e distintos, um dos quais – o território do "vivido" – é uma ficção indispensável. A experiência não é um guia seguro para a verdade, não importa o que os empiristas imaginem. O Sol pode parecer estar a apenas alguns quilômetros de distância, mas os astrônomos nos informam que as coisas são diferentes. Não apenas isso, mas, como Espinosa aponta na *Ética*, nosso conhecimento da distância real do Sol da Terra não faz nada para dissipar essa percepção. A verdade e a experiência são domínios separados. A verdade não bane automaticamente o engano, como uma forma mais militante de racionalismo alegaria. Nossas mentes podem estar abertas à razão, mas nossos sentidos não. A natureza da verdade vai contra nossa corporeidade. De fato, há verdade absoluta para Platão e Espinosa, mas ela não pode ser encontrada na esfera fenomenológica.

O mundo para Espinosa parece centrar-se favoravelmente no sujeito humano, embora a razão informe que é friamente indiferente a ele. O que imaginamos carinhosamente ser um pai amoroso é, na verdade, um pai escandalosamente negligente. Há algo de infantil nessa condição, mas não é um infantilismo que poderíamos esperar superar. Enquanto houver experiência, haverá percepção errônea, e é por isso que para Althusser – para quem experiência é o nome que damos às nossas ideologias – a ideologia é eterna.[14] Ela é a própria forma da nossa experiência, não simplesmente, como na nobre mentira de Platão, seu conteúdo, que é a fonte de nossos equívocos. No vínculo imaginário entre sujeito e mundo, o sujeito, na visão de Althusser, passa a sentir que a realidade tem uma reivindicação sobre ele; previu sua vinda, preparou um lugar especial para ele e lhe concedeu um propósito e uma identidade. Como um amante de fala suave, o mundo na forma de uma ordem social dominante nos confunde a acreditar que ele precisa de nós. Nossa existência não parece mais contingente, assim como os soldados e estadistas do mito de Platão não tropeçaram por acaso em suas vocações, mas foram nutridos por elas no ventre da Mãe Terra. E como a ordem dominante precisa de nosso apoio ativo, ela nos configura como agentes livres. Passamos a nos ver como fonte de nossas próprias ações, embora a Teoria entenda que somos simplesmente efeito desse ou daquele conjunto de estruturas.

A teoria da ideologia de Althusser mistura uma pitada de Espinosa com um toque de Schopenhauer, Nietzsche e Freud. Para essa linha de pensamento, a ação humana em si é uma ficção profícua. Depende de uma fé infundada na unidade do eu, unidade que pode ser o produto da Vontade (Schopenhauer), das necessidades práticas da espécie (Nietzsche), do ego (Freud) ou da ideologia (Althusser). Em todos esses casos, desfrutamos de uma sensação de liberdade e autonomia, de modo que a astúcia das forças que nos determinam reside na capacidade delas de se apagarem. É dessa forma que o sujeito humano se torna coerente o suficiente para agir propositalmente. Existem, com certeza, mentes superiores que enxergam através desse subterfúgio. "Quando tivermos descoberto completamente as leis científicas que governam a vida", comenta Oscar Wilde, "perceberemos que a única pessoa que tem mais ilusões

14 Ver as observações de Althusser sobre a ideologia em *For Marx*, p.234, e o ensaio "Ideology and Ideological State Apparatuses", em *Lenin and Philosophy*.

do que o sonhador é o homem de ação."[15] Quando o homem age, Wilde observa em *The Critic as Artist* [*O crítico como artista*], ele é uma marionete; quando descreve, é um poeta. No entanto, aqueles que falham em agir, como Martin Decoud em *Nostromo*, de Joseph Conrad, se pegarão abrigando dúvidas sobre a própria existência e, gradualmente, se desintegrarão. A escolha entre a marionete e o poeta é entre o autoengano e o engano como forma de arte. Mentir, para Wilde, é um dos melhores embelezamentos da vida cotidiana. O objetivo do mentiroso "é simplesmente encantar, deleitar, dar prazer. Ele é a base da sociedade civilizada".[16] A verdade é para os comerciantes e os ingleses positivistas.

O sujeito para Espinosa é irracional, embora não, como para Nietzsche, irreal. Conhecer a verdade significa eliminá-la da cena do conhecimento, assim como a Teoria ou a Ciência para Althusser é um processo sem sujeito. Na esfera da razão, a subjetividade aparece apenas como um vazio. Como Roger Scruton observa, "Espinosa não consegue encontrar qualquer maneira de inserir no âmago de seu universo o ponto de vista subjetivo do qual ele é pesquisado".[17] Para Kant, por outro lado, o mundo é inescapavelmente o *meu* mundo. Na visão de Espinosa, a percepção errônea não surge de coisas sendo reificadas, naturalizadas, sublimadas, ofuscadas ou racionalizadas, mas somente do fato de que elas estão espontaneamente presentes para um sujeito. O problema não é uma subjetividade defeituosa, mas a subjetividade enquanto tal.

Schopenhauer, para quem a Vontade maligna distorce todas nossas representações para fora da verdade, argumenta algo semelhante em um estilo mais grandiosamente metafísico, enquanto Nietzsche continua a proclamá-lo em seu rastro. Quem diz consciência diz falsa consciência. Se estar ciente é uma bênção, é sobretudo por causa

---

15 Keyes, *The Wit and Wisdom of Oscar Wilde*, p.52.

16 Ibid., p.56.

17 Scruton, *Spinoza*, p.76.

das abundantes oportunidades de autoengano que isso fornece, bem como das diversas maneiras pelas quais podemos mistificar os outros. Como a mendiga cega Mary Doul reclama na peça *O poço dos santos*, de J. M. Synge: "eles são uma má gente, esses que têm visão e têm grande alegria quando veem uma coisa grandiosa, deixam transparecer que eles não veem nada e contam mentiras de tolos".[18] Você pode usar seus poderes de discernimento para enganar os outros, um engano facilitado pelo fato de que a fantasia é o que vivemos. Não é uma alternativa à realidade, mas a própria estrutura dentro da qual a concebemos.

Na visão de Hegel, o erro é constitutivo do Espírito, cujos equívocos e descuidos são vitais para seu desenrolar. Como Ulrich reflete no romance de Robert Musil, *O homem sem qualidades*, "havia inerente ao curso da história certo elemento de sair do curso". Em *A fenomenologia do espírito*, a mentira envolve uma distinção entre o conhecimento e seu objeto, mas essa é uma condição essencial também da verdade. O engano é parte da verdade, uma vez que ele está entre os recursos com os quais ela entra em ação.[19] John Roberts escreve sobre a crença de Hegel na "capacidade infinita dos humanos de trabalhar por meio de desconhecimentos, enganos e construções errôneas, como uma condição para recuperação e renovação da verdade".[20] Chega-se ao esclarecimento apenas pelas rotas mais tortuosas. Para se tornar independente, a Ideia deve passar por *kenosis* ou autoesvaziamento, um pouco como o Pai na pessoa de Cristo.

Marx também está ciente da necessidade do engano, pelo menos em certas condições sociais. Em seu trabalho anterior, a falsa consciência é necessária para mascarar e legitimar o poder da classe dominante. As mentiras profícuas têm o nome de ideologia. Em seus escritos posteriores, por outro lado, a distorção está mais do lado do

18 Synge, *The Playboy of the Western World and Other Plays*, p.60.

19 Ver Hegel, *Phenomenology of Spirit*, p.22-23.

20 Roberts, John, *The Necessity of Errors*, p.204.

objeto do que do sujeito. Sob condições capitalistas, a aparência é construída na substância, a inverdade é constitutiva da verdade e as falsas aparências são parte integrante da realidade. Há duplicidade sobre o funcionamento do modo de produção capitalista que não tem nada a ver com concepções subjetivas equivocadas. O contrato de salário, por exemplo, se apresenta como uma troca igual, ocultando assim a realidade da exploração; a igualdade abstrata dos cidadãos na esfera política desmente suas desigualdades reais na sociedade civil; e as mercadorias que parecem ser servas da humanidade são secretamente seus mestres. Assim como em *A vontade de poder*, de Nietzsche, o Real do mundo capitalista se apresenta espontaneamente diferente do que é, e somente a hermenêutica da suspeita conhecida como ciência pode expor os mecanismos pelos quais a realidade sistematicamente se interpreta mal. Na visão de Marx, não haveria necessidade de tal ciência se os fenômenos coincidissem com suas essências.

Na obra de Freud, a verdade do sujeito não coincide com o conhecimento do ego. "Eu não estou onde penso e eu penso onde não estou" é a memorável reescrita de Jacques Lacan do *cogito* cartesiano. "O eu, o lugar onde vivemos, é um lugar de ilusão", escreve Iris Murdoch.[21] Na visão dela, o que dissipa essa ilusão é a arte e a prática da virtude, ambas exigindo atenção altruísta ao real. Para Freud, por outro lado, uma nova ciência (psicanálise) é necessária se a lacuna entre o ego e o inconsciente deve ser superada. O ego em si é uma forma de mentira da vida, que prospera na repressão do Real. Slavoj Žižek argumenta que uma fantasia primordial atua como estrutura transcendental da consciência, que é mais antiga do que a própria verdade e que constitui o núcleo sustentador do sujeito.[22] Além disso, é por meio do sonho e da fantasia que a verdade do sujeito fala mais eloquentemente, além de estar inscrita no próprio corpo no sintoma neurótico.

21 Murdoch, *The Sovereignty of the Good*, p.91.
22 Ver Žižek, *The Fragile Absolute*, cap.8.

Não é apenas a ciência que pode preencher a lacuna entre a aparência e a realidade. A virtude também pode. Dado que homens e mulheres virtuosos se distinguem pela falta de hipocrisia, nós somos capazes – nas palavras de *Macbeth* – de encontrar a construção da mente no rosto. Pertence à integridade moral se manifestar. Esse, no entanto, não é o caso de Nicolau Maquiavel, cujo governante ideal em *O príncipe* deve agir implacavelmente de tempos em tempos, mas perderia, com rapidez, a credibilidade se isso fosse evidente para o povo. Não é necessário que o príncipe seja justo, mas é imperativo que ele assim pareça. Um hiato entre virtude e poder, portanto, origina uma lacuna entre aparência e realidade. A verdade não pode mais ser totalmente transparente. As noções tradicionais de virtude são ainda suficientemente potentes para exigir consentimento, embora não sejam autoritárias o bastante para orientar o comportamento de alguém. O "é" e o "devia" estão desalinhados, pois a necessidade política ameaça desacreditar os próprios códigos éticos aos quais apela. O choque em questão não é entre os valores privados e públicos, mas entre as esferas públicas formais e informais.

A ficção e a dissimulação são agora constitutivas da vida política, não defeitos ocasionais. Todo poder contém uma mistura de ilusão. Maquiavel, com certeza, não é um maquiavélico arraigado; os governantes devem se comportar bem quando for possível. No entanto, como Quentin Skinner observa, "o problema é como evitar parecer perverso quando você não pode evitar se comportar perversamente".[23] Dessa maneira, é uma sorte que a maioria dos homens e mulheres sejam facilmente enganados, na verdade, sejam ansiosos para se permitirem ser enganados. Ao mesmo tempo, a religião pode ser explorada como ideologia, inspirando os cidadãos a colocar o bem da comunidade acima de todos os outros fins.

Um dos mais dedicados manipuladores de ficções filosóficas é David Hume, que ameaça reduzir o conhecimento à mera hipótese,

---

23 Skinner, *Machiavelli*, p.47.

a crença à intensidade peculiar de sentimento, a moralidade a puro sentimento, a causalidade à construção imaginativa e a história a um texto indefinidamente interpretável. Uma ideia considerada verdadeira simplesmente parece diferente de uma falsa. O raciocínio, afirma Hume em *Tratado da natureza humana*, nada mais é do que uma forma de sentimento resultante do costume, e a crença nada mais é do que concepção peculiarmente vívida. A identidade contínua é um fenômeno que podemos sentir, mas não demonstrar, e a causalidade é efeito de uma expectativa imaginativa gerada pelo hábito. Na verdade, a imaginação – "um princípio inconsistente e falacioso", na visão de Hume – está na fonte de todo nosso conhecimento, além de ser a árbitra final de todos os sistemas filosóficos. Essa faculdade inconstante também está na base da propriedade privada e do Estado político, assim como da memória e do entendimento. Somente com o advento do Romantismo essa modesta capacidade será levada a fazer tanto trabalho duro.

A teoria e a prática estão mutuamente em desacordo, pois é somente suprimindo essas reflexões subversivas que a existência social pode parecer bem fundamentada. As massas de mentalidade metafísica assumem que há verdades indiscutíveis, enquanto os teóricos céticos estão tristemente cientes de que não há nada mais sólido do que costume, sentimento, intuição e imaginação. À medida que o solo metafísico desmorona sob seus pés, Hume consegue, em um momento de *mauvaise foi*, recuar para a falsa consciência cuidadosamente cultivada em uma cafeteria, onde, jogando um pouco de gamão e se divertindo com seus amigos, ele pode consignar suas dúvidas ao esquecimento politicamente conveniente. Não há terra firme sob nossos pés, mas devemos agir como se houvesse.

Platão, Maquiavel, Voltaire e a maioria dos outros provedores de convenientes ficções não pretendem legitimar a mentira. As enganações são lamentáveis e devem ser difundidas entre as massas apenas quando politicamente indispensável. Elas funcionam dentro de um regime geral de verdade, cujos fundamentos não fazem nada para sabotar. De fato, uma mentira presta homenagem à verdade ao se disfarçar dela. O pensador para quem as mentiras não são, de forma alguma, necessidades lamentáveis é Nietzsche, que tem a intenção de reverter os valores comumente atribuídos à verdade e à falsidade, e que é ousado o suficiente para cantar os louvores dos fraudulentos. "Parece", observa em *A Gaia Ciência*, "como se a vida fosse disposta com uma vista às aparências, quero dizer, com uma visão do erro, do engano, da dissimulação, da ilusão, da autoilusão."[24] Em *Genealogia da moral*, Nietzsche despreza aqueles que não contam mentiras, zombando que "uma mentira real, uma mentira genuína, resoluta, 'honesta' (sobre cujo valor se deve consultar Platão) seria algo demasiado severo e potente para eles".[25] A verdade é absurdamente superestimada e pode se mostrar muito menos eficaz do que a falsidade. Em nossa busca zelosa por esse ideal, esquecemos de indagar sobre seu valor. Como John Gray comenta seguindo uma linha nietzschiana, há um caso em que "a verdade não tem vantagem sistemática sobre o engano" no curso da evolução humana.[26] Visto dessa maneira, os seres humanos não podem viver sem ilusão. Renunciar julgamentos falsos, afirma Nietzsche em *Além do Bem e do Mal*, significaria renunciar à própria vida. A falsidade é condição da existência, e aqueles que insistem em olhar a verdade nos olhos provavelmente acabarão perecendo por ela. Somente um preconceito arbitrário nos convence de que essa coisa perigosa vale mais do que a mera aparência. O intelecto, tal como em Schopenhauer, é um órgão dissimulador em sua essência. A vontade de verdade pode ser devastadora, a verdade em si é feia, e exigi-la a qualquer preço é uma forma de loucura. A verdade tem o poder de aniquilar, enquanto a fantasia é capaz de acalentar e preservar. Nossa fome pela verdade entra em conflito com nossa necessidade mais fundamental de fabricação, que está na

---

24 Nietzsche, *The Joyful Wisdom*, p.279.
25 Id., *The Genealogy of Morals*, p.573.
26 Gray, p.27.

base de tudo o que é bom e belo. O que antes era um caso especial (a ilusão salvadora) agora se tornou uma epistemologia geral.

Falar de falsidade é naturalmente invocar alguma noção de verdade. Há momentos, no entanto, em que Nietzsche parece insistir que a verdade em si não passa de equívoco produtivo. As verdades humanas, comenta em *Genealogia da moral*, são meramente "erros irrefutáveis", o tipo de artifício, como coloca em *A vontade de poder*, sem o qual certa espécie animal não poderia sobreviver. Elas são quimeras que deixamos de reconhecer, metáforas que passamos a tomar literalmente. As verdades são simplesmente ilusões que superaram sua consciência do fato. Nos termos de *O sentido de um fim*, de Frank Kermode, elas são mitos em vez de ficções, que são conscientes de seu próprio artifício. No entanto, se as inverdades podem melhorar a vida, facilitando nossas relações com o mundo e nos permitindo dominá-lo o suficiente para sobreviver e prosperar, então Nietzsche não pode ser um pragmático, estritamente falando. Para a maioria dos pragmáticos, são exatamente essas ideias que contam como verdadeiras, enquanto chamá-las de falsas sugere que é possível avaliar sua validade por algum outro critério. Para o pragmatismo, as ideias não são falsas, mas profícuas (em algum sentido adequadamente sofisticado do termo) e, portanto, verdadeiras.[27] Nessa visão, não pode haver mentiras profícuas.

Dessa forma, Nietzsche sustenta que não há verdade alguma, ou que a verdade existe, mas é inferior à ilusão, ou que é simplesmente um engano útil? Porém, engano em comparação ao quê? O Espírito da Gravidade, em *Assim falou Zaratustra*, afirma que toda a verdade é distorcida, mas como poderíamos saber disso? Como toda a nossa experiência poderia estar desregulada? É duvidoso, no entanto, que Nietzsche rejeite a ideia de verdade *tout court*. Ao lado do resto da humanidade, ele parece reconhecer que proposições verídicas são

---

27 Ver, por exemplo, James, Pragmatism's Conception of Truth. In: ______, *William James*.

possíveis de tempos em tempos. O valor de verdade, no entanto, é relativo a formas historicamente específicas de discurso; regimes de verdade, como Michel Foucault diria, que esculpem a realidade de várias maneiras de acordo com nossas necessidades materiais. A verdade é antropocêntrica. Não há forma rígida dela, mas há verdades aproximadas do mesmo jeito. Mesmo assim, pode-se descrever tais verdades como enganos, na medida em que elas nunca podem ser absolutas. Elas são, em última instância, tentativas condenadas a fixar uma realidade incompreensivelmente intrincada, que está, de toda forma, em fluxo perpétuo.

Além disso, elas podem fazer isso apenas esquematizando, falsificando, estereotipando e simplificando demais para chegar a um mundo que seja calculável e administrável. A verdade é fabricada em vez de revelada, e a experiência cotidiana é, portanto, mais parecida com um artefato do que imaginamos. Na visão de Nietzsche, os seres humanos são mentirosos natos, o que quer dizer, de forma mais generosa, que são artistas natos. As verdades são eventos hermenêuticos, e, em princípio, não há fim para a atividade da interpretação. Resta saber se o organismo humano, tendo incorporado a inverdade em sua existência para sobreviver e prosperar, será agora capaz de incorporar a verdade, ou seja, o reconhecimento de que não há verdade, pelo menos em qualquer sentido bem fundamentado do termo. Somente o *Übermensch* se mostrará à altura desse desafio.

Em um mundo de aparências, uma coisa se destaca por sua maravilhosa falta de realidade: a arte. Em um gesto surpreendentemente ousado, Nietzsche rompe o elo consagrado pelo tempo entre a arte e a verdade. É verdade que, como uma explosão de energia dionisíaca, a arte pode nos dar acesso ao Real. No entanto, como o Real é terrível de se ver, a função da arte é disfarçá-lo com o disfarce do apolíneo. Raramente um renomado filósofo da arte foi tão brutalmente sincero sobre a natureza da arte como ópio ou da cultura como falso consolo. É no sonho e na fantasia (o apolíneo) que a verdade do inconsciente (o dionisíaco) se revela, como é para Freud, mas apenas em forma deslocada e discretamente temperada. Uma vez que não teríamos arte sem a selvageria que ela sublima, as melhores flores da civilização têm suas raízes na barbárie. É uma espécie de teodiceia: a crueldade e a exploração são inevitáveis se a história quiser dar à luz seus Goethes e Tolstóis.

Os românticos e os idealistas estão enganados ao ver a arte como poder cognitivo. Pelo contrário, ela é quase o oposto. "Consciente da verdade que uma vez viu", escreve Nietzsche em *O nascimento da tragédia*, "o homem agora vê em todos os lugares apenas o horror ou o absurdo da existência [...] ele está enojado. Aqui, onde o perigo para a sua vontade é maior, a arte se aproxima como uma feiticeira salvadora, especialista em cura. Somente ela sabe como transformar esses pensamentos nauseantes sobre o horror ou o absurdo da existência em noções com as quais se pode viver."[28] Esse é um caso que se tornará clichê do Modernismo: a realidade é inerentemente caótica, e apenas uma forma imposta arbitrariamente pode investi-la de ordem. O mundo pode ser uma ilusão de tipo singular, mas a arte (não menos importante a tragédia) é ilusão *redentora*, uma ficção terapêutica que nos permite viver livre e exuberantemente. Sob a capa de sua compostura formal, podemos colher prazer obsceno da falta de sentido bruta que está na raiz da realidade. É assim que Nietzsche afirma, em *O nascimento da tragédia*, que somente como um fenômeno estético a existência pode ser justificada.

A arte, portanto, representa um "culto ao inverídico" (Gaia Ciência) que nos ensina a aceitar a aparência. Estamos reconciliados com o fato de que o engano é condição crucial da vida humana. Também estamos curados do desejo de explorar profundezas metafísicas, que são simplesmente a projeção especiosa de superfícies. "A verdade é feia", comenta Nietzsche em *A vontade de poder*. "Nós possuímos arte para não perecermos da verdade."[29] O conhecimento genuíno

28 Nietzsche, *The Birth of Tragedy*. In: Kaufmann (Ed.), *Basic Writings of Nietzsche*, p.60.
29 Id., *The Will to Power*, p.435.

paralisa a ação, pois olhamos para o âmago das coisas e somos traumatizados pelos horrores que encontramos espreitando ali. Se quisermos agir construtivamente, isso só pode ser por certa autocegueira salutar. A teoria e a prática, tanto para Nietzsche como para Hume, estão mutuamente em desacordo.

A natureza falsificada da arte é verdadeira para a falsidade do mundo; no entanto, também é falsa para essa falsidade, imprimindo alguma estabilidade passageira em sua desordem perpétua. Ao dar expressão à vontade de poder, que é completamente sem sentido ou propósito, ela também oculta esse não sentido pela criação da forma, que, como veremos em breve, é o que o *Übermensch* também faz. A arte é ilusão *determinada*, ilusão à segunda potência, por assim dizer, e como tal é tanto sintoma quanto escudo contra a terrível (in)verdade do universo. Ela envolve um duplo engano, uma vez que oculta essa (in)verdade assim como dá voz a ela. Em sua forma de ser, ela é inverídica à única coisa no cosmos que é real, a saber, a Vontade de Poder, que não conhece tal unidade; entretanto, essa força mercurial não é em si mesma mais do que dissimulação constante, determinando-se de forma diferente em cada lugar e tempo em uma razão de forças constantemente flutuante. "A atividade da vida", escreve Gilles Deleuze, "é como um poder de falsidade, de enganar, dissimular, deslumbrar e seduzir. Mas, para ser efetivado, esse poder de falsidade deve ser selecionado, redobrado ou repetido e, assim, elevado a um poder superior."[30] É a arte que realiza essa tarefa.

A arte é, nesse sentido, ilusão: a consagração de uma mentira. No entanto, não é simplesmente ilusão, pois também é poder transformador e que melhora a vida, o tipo de equívoco fértil por meio do qual podemos crescer e prosperar. Isso é particularmente verdadeiro para a tragédia. "A tragédia", escreve Górgias, o Sofista, "por meio de lendas e emoções, cria um engano no qual o enganador é mais

30 Deleuze, *Nietzsche and Philosophy*, p.102-103.

honesto do que o não enganador, e o enganado é mais sábio do que o não enganado."[31] Para Nietzsche, o trágico é o processo pelo qual o terror pode ser transformado em triunfo sem ser negado. Mesmo assim, a arte é um meio para a prosperidade humana, em vez de um fim em si mesmo. Aqui, novamente, Nietzsche é raro entre os estetas, dessa vez em sua atitude francamente instrumental para com a obra de arte. Ele compensa essa veia de filistinismo, no entanto, ao considerar o próprio universo como uma ficção suprema, um artefato eternamente autogerador e autofundador que desempenha seu jogo inútil de prazer consigo, sem nenhum *telos* à vista. O mundo é uma obra de arte que dá à luz a si mesmo, e é explorando esse processo de autoprodução livre, tornando-se um microcosmo do cosmos, que o *Übermensch* pode alcançar o domínio sobre si.

O *Übermensch* é um autoformador heroico: uma criatura autocontrolada que se esculpe em uma forma elegante e esteticamente gratificante, vivendo em modo experimental e agindo apenas de acordo com a lei de seu próprio ser. Esse animal pós-humano se reinventa a cada momento a partir de uma superabundância de poder e alto-astral, estampando uma forma na turbulência da realidade e na indisciplina de seus próprios desejos. É dessa forma que ele obriga o próprio caos a tomar forma. Ele é a obra de arte magnificamente viva, como artista, artefato e matéria-prima em um único corpo; e como qualquer outra criação estética, sua existência é totalmente infundada. Assim como o cavaleiro da fé de Kierkegaard, ele é um daqueles raros seres humanos que têm a coragem de embarcar no negócio mais perigoso de todos, o da individuação. Como observa um personagem de *Brand*, de Ibsen, a maneira mais segura de destruir um homem é transformá-lo em um indivíduo.

O estudo outrora influente de Hans Vaihinger, *A filosofia do como se*, segue a pista de Nietzsche ao tratar as ideias como instrumentos

31 Apud Critchley; Webster, *The Hamlet Doctrine*, p.16.

a serviço da vontade de viver.[32] Na visão de Vaihinger, tais ideias são ficcionais por natureza e de origem biológica. Elas nos fornecem não a verdade objetiva, mas o material de que precisamos para negociar o mundo de forma mais eficaz. Elas, portanto, têm influência no que Georges Sorel, em *Reflexões sobre a violência* (1908), chama de mito, significando um corpo de imagens cuja verdade ou falsidade literal não vem ao caso, mas que expressa em forma simbólica a experiência coletiva de um grupo para inspirá-lo a uma ação frutífera. Para Sorel, no entanto, não é como se a verdade estivesse pacientemente parada, aguardando sua expressão simbólica; ela é antes a expressão simbólica que a faz emergir, assim como, para Oscar Wilde e W. B. Yeats, é somente adotando uma máscara que podemos ser nós mesmos. Primordiais entre essas ficções, para Sorel, são as ideias de insurreição política e a greve geral, fábulas imaginativas "que, *somente pela intuição*, e antes que quaisquer análises ponderadas sejam feitas, [são] capazes de evocar como um todo individual a massa de sentimentos que corresponde às diferentes manifestações da guerra empreendida pelo socialismo contra a sociedade moderna".[33] "Esses mitos", sustenta Sorel, "não são descrições de coisas, mas expressões de uma determinação para agir" e, como tal, estão fechados a toda refutação.[34]

O crítico I. A. Richards argumenta de forma semelhante, em *Mencius on the Mind* [*Mencius sobre a mente*] (1932), que podemos ser forçados a "complementar a psicologia científica com um relato fictício da natureza humana no interesse de uma sociedade finamente ordenada e de uma vida razoavelmente sem desperdício".[35] "Sem suas mitologias", escreve em outra obra, "o homem é apenas um animal cruel sem alma."[36] Aluno de Richards, William Empson observa

32 Ver Vaihinger, *The Philosophy of "As If"*.

33 Sorel, *Reflections on Violence*, p.35.

34 Ibid., p.133.

35 Richards, *Mencius on the Mind*, p.66.

36 Id., *Coleridge on Imagination*, p.134.

que o problema da era moderna é que as "crenças verdadeiras podem tornar impossível agir corretamente; que não podemos pensar sem ficções verbais; que elas não devem ser tomadas como crenças verdadeiras e, ainda assim, devem ser levadas a sério".[37] "A crença final", escreve Wallace Stevens, "é acreditar em uma ficção, que você sabe ser ficção, não havendo nada mais. A verdade requintada é saber que isso é ficção e que você acredita nela prontamente."[38] O Heidegger mais tardio pressiona esse caso um ou dois passos adiante: a inverdade é mais primordial do que a verdade, pois se a verdade deve ser vista como exposição ou revelação, deve haver antes de tudo fechamento e ocultação. A "terra" opaca e impenetrável é o fundamento dessa abertura de inteligibilidade que é "mundo". A visão convencional – de que a verdade é anterior à mentira, pois é somente em virtude da primeira que podemos identificar a última – é descartada de imediato. No entanto, ainda precisamos perguntar como podemos identificar a ocultação em primeiro lugar sem invocar alguma concepção de verdade.[39]

Yeats, Wilde, Sorel e seus colegas mudam da verdade como correspondência para a verdade como autenticidade. Uma fidelidade ao fato dá lugar a uma fidelidade ao eu. No entanto, se o eu é volátil e instável, como o é para o Wilde nietzschiano, é difícil saber exatamente a que se está sendo fiel. A verdade de hoje não é a de ontem. Posteriormente, com o advento do pensamento pós-moderno, nada parecerá mais falso do que o autêntico. Enquanto isso, no entanto, temos obras como *A View from the Bridge*, de Arthur Miller, a qual afirma que seu protagonista não é "puramente bom" (medido por padrões que são, em certo sentido, objetivos), mas "puramente ele próprio", como se ser você mesmo fosse inequivocamente uma virtude. Em um mundo moralmente relativo, o que importa é menos

37 Empson, *Argufying*, p.198.

38 Stevens, *Opus Posthumous*, p.163.

39 Ver Heidegger, The Origin of the Work of Art. In: Krell (Ed.), *Martin Heidegger*.

a natureza do comprometimento do que a constância com que você se agarra a ele. Recusar-se a recuar diante do desejo, mesmo que seja levado por ele ao limite extremo da morte, torna-se uma nova forma de valor absoluto. O que importa é ir até o fim, não a direção em que se está viajando. É um caso formalista[40] que, como vimos, apareceu em nosso tempo, em uma ética lacaniana do Real. Uma versão demoníaca pode ser encontrada no Capitão Ahab,[41] de Herman Melville. Essa é uma perspectiva apropriada para uma era democrática, já que não é preciso ser um semideus ou um arquiduque para ser inflexível. Além disso, o que importa para a política democrática não é apenas o conteúdo de uma decisão, que pode acabar sendo desastrosa, mas o fato de que somos nós que a tomamos. O mesmo espírito informa uma ética kantiana.

Os códigos morais tradicionais ainda têm autoridade, mas agora estão em desacordo com um tipo de ética mais existencial. E se o objetivamente bom não for bom para você? E se a necessidade de ser você mesmo forçá-lo a desrespeitar a ortodoxia moral? O Thomas More da peça *A Man for All Seasons* [*Um homem para todas as estações*], de Robert Bolt, age de forma quase existencialista de acordo com a lei de seu próprio ser, e não, como o More histórico, em conformidade com a lei de Deus e seu dever político. A Antígona, de Jean Anouilh, suspeita que ela pode estar enterrando o irmão simplesmente para seu próprio bem, não por respeito aos deuses ou às reivindicações de parentesco. O protagonista trágico é agora qualquer um arrancado da rua e levado ao seu limite. Em princípio, não há ninguém que não seja capaz de ser um Leontes ou uma Medeia. Por trás disso se esconde o preconceito modernista de que a existência diária é irrevogavelmente comprometida, e que somente algum ato de loucura ou violência – alguma epifania impressionante, um gesto absurdo

40 Embora eu tenha ingenuamente feito elogios irrestritos no meu primeiro livro. Ver Eagleton, *The New Left Church*, cap.1.

41 Personagem de *Moby Dick*. (N. E.)

ou uma revelação devastadora, que será eventualmente absorvida pela lógica sem alma do cotidiano – pode interromper suas rotinas entorpecentes. Somente pressionando as coisas ao extremo que elas podem ser forçadas a revelar a verdadeira natureza, que geralmente acaba sendo horrível. O fato de que a prudência e a restrição podem, elas mesmas, exigir certa força moral é deixado de lado.

Marca distintiva da tragédia moderna, de acordo com a *Aesthetics*, de Hegel, é um protagonista movido por uma fidelidade inabalável à sua própria identidade. Como essa unilateralidade é irreconciliável com o todo social, ela está fadada à sua destruição. Em uma linha similar, o psicanalista lacaniano Jacques-Alain Miller vê o modo trágico de existência como questão de lealdade inabalável a um mestre-significante, que empresta significado e consistência à vida de alguém.[42] É uma peça de ideologia tipicamente modernista, como ilustra a ficção de Joseph Conrad. Somos convidados a admirar a fidelidade de Lord Jim a um ideal de pura autopresença, uma visão de algum ato no qual ele poderia realizar a sua individualidade plena e integral. Se isso é ilusão para criaturas como nós, escravizados como somos ao tempo, ao acaso e à contingência, ela é, no entanto, uma ilusão exaltada, além de fazer parte da matéria da qual os impérios são construídos. Talvez seja melhor ser iludido e heroico do que lúcido e comum.

Assim como a própria verdade é atravessada pela ilusão, a ilusão pode revelar algo da verdade. "Eu fui feito para olhar para a convenção que se esconde em toda a verdade", observa o narrador de *Lord Jim*, "e para a sinceridade essencial da falsidade." De fato, a ficção literária em si é exemplo de uma mentira autêntica; "a verdade revelada em um momento de ilusão", como o narrador descreve a carreira de Jim. "Um homem que nasce", comenta Stein, o mercador de inclinação metafísica, "cai em um sonho como um homem que cai no mar. Se ele tenta subir para o ar como pessoas inexperientes tentam

42 Ver Žižek, *The Fragile Absolute*, p.40.

fazer, ele se afoga. Não, eu lhe digo! O caminho é submeter-se ao elemento destrutivo, e com os esforços de suas mãos e pés na água faça o mar profundo, profundo, mantê-lo em pé." Somente abraçando a natureza quimérica do real alguém pode sobreviver. Tentar escapar dela escalando o ar superior do conhecimento verdadeiro é perecer. Stein então reformula seu conselho em termos um pouco mais banais, como os de Hollywood: "Seguir o sonho, e novamente seguir o sonho".

O que distingue o caso da ideologia norte-americana pronta é o caráter ambíguo do próprio sonho, que devasta tanto quanto inspira. Isso também é verdade em *O grande Gatsby*. "[Jim] é romântico, romântico", comenta Stein. "[...] isso é muito ruim, muito ruim [...]. Muito bom também." Não há um ideal sem falhas ou uma verdade incontestável, mas nós vamos definhar no momento em que confessarmos o fato. Como a escrita de Conrad, o sonho é ao mesmo tempo vívido e evanescente, nebuloso, mas palpável. Estar livre de ilusões, observa o narrador de *Lord Jim*, é ser respeitável, seguro e monótono. O realismo é ruim para você. Até mesmo o indizível Kurtz de *Coração das trevas* deve ganhar certo respeito pela maneira como ele olhou tão destemidamente para o abismo dionisíaco, em contraste com os reformadores sociais de olhos marejados e os homens vazios dos subúrbios de classe média. A novela termina com o narrador proporcionando à noiva de Kurtz uma ficção da qual ela pode obter consolo para o resto de seus dias.

Se Conrad é um autor trágico, entre outras coisas é porque as mentiras da vida são destrutivas e essenciais. Em sua melhor obra, *Nostromo*, quase todos os ideais honrosos são formas de egoísmo sublimado, disfarces frágeis para interesses materiais. O altruísmo público está secretamente a serviço do egoísmo privado. O próprio Nostromo, um autoidealizador crônico, é completamente vazio, uma ficção encarnada que, como seu nome sugere, existe apenas no olhar aprovador de seus companheiros. No entanto, aqueles que renunciam aos ideais são materialistas infiéis, que fracassam junto com os fantasistas aos quais se opõem. Martin Decoud vê os gritos de patriotismo, de liberdade e de ordem social como tantas máscaras para a exploração material, um julgamento bastante sólido na visão do próprio romance; esse diletante parisiense é, no entanto, deixado para morrer de sua própria descrença. Ele abriga apenas uma ilusão – seu amor por Antonia –, mas está consciente de sua insuficiência, que, nesse contexto, é o mais próximo que se pode chegar da clarividência. O Dr. Monygham é um misantropo que foi despojado de todos os conceitos errôneos piedosos sobre seus semelhantes, mas isso não pode ser mais que a racionalização de um fracasso pessoal, já que ele foi destruído pela tortura no início de sua carreira. O altivo Gould declara que "liberdade, democracia, patriotismo, governo, todos eles têm sabor de assassinato e loucura". No entanto, embora a ordem social possa ser ontologicamente infundada, ela continua politicamente indispensável. Com imparcialidade impecável, o chão sob os céticos e sob os idealistas foi retirado. Aqueles como o veterano republicano italiano Giorgio Viola, que são dominados por mitos de libertação política, são tão cegos quanto os oportunistas brutais (Sotillo, Montero) que vivem apenas pelo poder.

Há ambiguidade semelhante em *O agente secreto*, de Conrad. O mundo cotidiano é sórdido e corrupto, mas os anarquistas que buscam transformá-lo em nome de um ideal são loucos ou malévolos. É uma escolha entre uma normalidade inglesa decadente, mas estável, e um niilismo continental fascinante, mas repulsivo. O leitor não tem permissão para ficar em nenhum outro lugar. A verdade é devastadora, mas a falsa consciência fornece apenas uma defesa frágil contra ela. Winnie Verloc, a sofrida esposa de um assassino de crianças, uma mulher cercada por espionagem, terrorismo, conspiração e pornografia, é da opinião que a vida não suporta ser demasiadamente investigada. "É extraordinário como passamos pela vida com os olhos semicerrados, com ouvidos embotados, com pensamentos adormecidos", reflete Marlow em *Lord Jim*, de Conrad. "Talvez seja melhor assim; e pode ser que seja essa mesma monotonia que torna a vida, para a maioria incalculável, tão suportável e tão bem-vinda." Isso certamente é verdade para McWhirr em *Tufão*, de Conrad, cuja ausência de imaginação inerte o leva em segurança através de uma tempestade.

Winnie é parte do grande regimento de pessoas para quem o conhecimento e a felicidade são mutuamente incompatíveis. A consciência é mais uma questão de autoproteção do que de autoconsciência. A única ação autêntica que ela empreende no romance (enterrar uma faca no peito do marido) parece brotar de alguma profundidade abaixo de sua experiência cotidiana como uma emanação do Real, razão pela qual, assim como o salto infame de Lord Jim do *Patna*, parece impossível para a narrativa apresentá-lo diretamente. Os momentos de pura liberdade ou decisão ficam fora do quadro de representação.

O Édipo de Sófocles é tomado pelo que os freudianos chamariam de epistemofilia, ou um impulso voraz por conhecimento. É a recusa em recuar na exploração das próprias origens ilícitas que causa sua queda. Sua esposa, Jocasta, por outro lado, não tem essa paixão inconveniente. Pelo contrário, ela acredita que a obstinação do marido corre o risco de minar os fundamentos da ordem simbólica. Se há o desejo de saber, há também a vontade de esquecimento.

> É melhor vivermos da melhor forma possível, dia após dia.
> Nem é preciso esse casamento com a mãe assustá-lo;
> Muitos homens sonharam com isso. Tais coisas
> devem ser esquecidas se a vida deve ser suportada.

Pensamentos incestuosos são muito comuns, e o que nos mantém flutuando é uma amnésia cuidadosamente cultivada. O mesmo, como vimos, é verdade para o Estado político. Jocasta acredita viver deliberadamente uma mentira ou, pelo menos, suprimir intencionalmente a verdade. Nesse aspecto, ela é uma versão antiga de Winnie

Verloc. Enquanto Jocasta é esposa e mãe do mesmo homem, Winnie desempenha o papel de mãe de seu irmão mais novo, que é explodido em pedaços por uma bomba terrorista. Assim como a violência revolucionária, a confusão de relações de sangue é um ataque à ordem simbólica e tem sabor de morte.

O caráter dramático é, em si, assunto fictício, e o teatro está entre as mentiras profícuas. O drama de Shakespeare é frequentemente encontrado refletindo sobre a própria teatralidade, jogando ilusões contra realidades que são atadas à fantasia ou empilhando um mundo imaginário dentro de outro em uma *mise en abîme* vertiginosa. Uma peça pode anunciar-se como um sonho, conto ou comédia, antecipar sua conclusão cômica (*Tudo está bem quando acaba bem*) ou aludir à natureza gratuita de sua arte (*Noite de Reis ou O que quiser, Como gostar, Muito barulho por nada*). Apesar de seu interesse em teatro, Hamlet, como já vimos, é um ator indiferente, incapaz de seguir o roteiro, muito inquieto e autoconsciente para se identificar com o papel designado como vingador. Otelo e Coriolano, por outro lado, são atores muito talentosos, incapazes de sair de seus papéis meticulosamente autoescritos para um momento de autorreflexão irônica. Otelo em particular, que, para desgosto do franco Iago, faz seu discurso empolado como se o estivesse ensaiando assiduamente nos bastidores, tem um olho de ator para a frase finamente polida e o gesto histriônico. F. R. Leavis descreve seu suicídio como "um soberbo *coup de théatre*".[43]

Somente por meio de máscara, enigma, charada, jogo de palavras e interpretação de papéis, o enlouquecido Lear pode ser trazido à razão, junto com o terrivelmente distraído Gloucester. Quando a própria verdade se torna fraudulenta, somente uma mistura homeopática de ilusão, inventada por uma conspiração de tolos e loucos, pode esperar restaurá-la. A máscara de loucura do herói na peça *Henrique IV*, de Luigi Pirandello, é uma crítica ao que ele considera

43 Leavis, *The Common Pursuit*, p.152.

a insanidade da vida cotidiana. O título *A tempestade* é levemente dúbio, já que a tempestade que testemunhamos quando a peça começa é imediatamente exposta como obra de arte em vez de um ato da Natureza. Como todos os artefatos genuínos, a ilha mágica de Próspero é uma ilusão ciente de sua própria falta de fundamentos, e a peça só terminará quando o público reconhecer esse fato irrompendo em aplausos. Quando *Macbeth* procura uma imagem de vazio ontológico, é para o teatro que ele se volta. No entanto, como o teatro é questão de ilusão à segunda potência, um semblante ciente de sua própria aparência, ele é capaz de refletir sobre a natureza da falsa consciência em vez de simplesmente servir mais um exemplo dela. A arte é o lugar onde a natureza infundada da existência humana é capaz de confrontar a si mesma. Nesse sentido, ela é tanto mais quanto menos real do que o mundo no qual ela está inserida, um mundo que assume que tem terra firme sob seus pés.

Talvez a forma mais pura de ilusão seja o poder. O déspota é um feiticeiro cujo mundo é magicamente maleável ao seu mero capricho. Esse é o tema de *A vida é sonho*, de Calderón, uma peça cujo protagonista, Segismundo, transita entre a fantasia e a realidade antes de finalmente reconhecer que viver autenticamente é viver com ironia, ciente da natureza fugaz e leve dos assuntos humanos (não menos importante, a soberania política), e firme no conhecimento de que aqueles que prestam homenagem a essa fragilidade não podem ser enganados. Estar verdadeiramente desencantado é saber que a vida é moldada pela fantasia, uma percepção que pode então inspirar a moderar a arrogância com um grau de compaixão. É assim que a epistemologia se torna uma ética. Ao confessarmos que o que prezamos é algo perecível que, nas palavras de Segismundo, é nosso apenas "por um momento", podemos nos livrar da ansiedade e da ganância para viver mais proveitosamente. Viver de maneira abundante é habitar na sombra da morte. Pode-se contrastar essa clareza de visão com o estado de espírito mistificado de Wallenstein, de Friedrich Schiller, quem, como Otelo, se apega ao autoengano até o fim.

Pensamos também nos idealistas visionários de Henrik Ibsen, que dão as costas a várias doutrinas que negam a vida em nome da liberdade, da verdade e da alegria. Mas, como vimos, o ideal ibsenita está sempre contaminado. Ele está manchado por arrogância, abstração, ingenuidade, elitismo espiritual, intratabilidade, impulsividade ou hipocrisia evangélica de alguns daqueles que a proclamam. De Brand e Thomas Stockmann a Hedda Gabler e Hilde Wangel, vários protagonistas de Ibsen se juntam à tradição daqueles que, de Antígona em diante, são levados a um limite extremo por uma demanda inflexível no âmago do eu. É fome de vida profundamente entrelaçada com Tânatos, ou a pulsão de morte. Se as ações desses *Übermenschen* provincianos têm brio estético e petulância, também somos informados de que o visionário nem sempre é fácil de distinguir do egoísta desenfreado, ou o transgressor criativo do criminoso. O Stockmann de *Um inimigo do povo* está corajosamente preparado para defender a verdade *contra mundum*, mas para isso ele está pronto para arrasar todo o edifício podre de sua comunidade. Em sua visão, as pessoas comuns são animais e a opinião pública é inerentemente inútil. Há pouca concepção em Ibsen de uma resposta corporativa aos males sociais. Em vez disso, é preciso lutar pela alma de uma comunidade pela qual se pode sentir pouco além de desprezo. A política, como para muitos artistas modernistas, é parte do problema, não da solução.

Uma combinação de idealismo abstrato e realismo obstinado é característica comum da sociedade de classe média. Marx não se opõe tanto aos ideais dessa classe, que ele vê em grande parte como bastante honrosos, mas ao fato de que eles existem em condições que os tornam incapazes de serem realizados. Eles estão destinados a sentar-se ao lado de uma realidade recalcitrante. A lacuna entre o ideal e a realidade é estrutural, não acidental. O romantismo e o utilitarismo, observa Marx, são lados da mesma moeda. É exatamente essa coexistência contraditória que encontramos no teatro de Ibsen. Gregers Werle, o reformador pedante e intrometido de

O pato selvagem, consegue destruir uma família em sua busca obstinada pela verdade. O que o próprio Werle chama de ideal, o Dr. Relling, mais pragmático, chama de mentira. A verdade é um fetiche que exerce domínio tirânico sobre a carne e o sangue humanos. "Arruinei minha vida em nome de uma fantasia", lamenta Vilhelm Fodal em *John Gabriel Borkman* (ato 2). No entanto, o próprio Relling está longe de ser avesso a vender ilusões, desde que sejam do tipo que preserva a vida. Sua objeção a Werle é que ele apregoa o tipo de ficção que provavelmente destruirá homens e mulheres com suas exigências implacáveis, em vez de ajudar essas criaturas espiritualmente medíocres a se virarem. É por isso que ele encoraja Hjalmar Ekdal a acreditar que ele tem as qualidades de um grande inventor, ao mesmo tempo que convence seu companheiro dissoluto Molvik de que ele é diabólico, e não bêbado.

Relling, então, coloca suas mentiras comuns da vida contra o que ele vê como as fantasias de Werle que lidam com a morte. Para ele, a consciência inflamada de Gregers é simplesmente uma versão mais fastidiosa da doença que ele se propõe a curar, de modo que, assim como Hamlet, é difícil saber se ele representa uma solução para o mal-estar geral ou um sintoma dele. Talvez a missão de Gregers de privar os outros de seu ópio seja simplesmente sua forma de mentira da vida. A inverdade é construída na paixão pela verdade. "Chega um momento", comenta o Capitão em *Dance of Death* [*A dança da morte*], de August Strindberg, "quando a capacidade de inventar [...] acaba. E então a realidade é revelada em toda a sua nudez" (ato 3). Mas e se essa nudez for somente outro artifício? A determinação de Werle impõe algum respeito, mas o idealista pode estar tão ansioso para usar os outros para atingir seus objetivos quanto os advogados e fabricantes de Ibsen estão prontos para imolar os concidadãos no altar de seu próprio interesse. O visionário e o cético também são semelhantes em menosprezar a capacidade das pessoas comuns para a verdade. Ironicamente, Relling se assemelha a Werle em sua visão degradante das massas. Ambos os homens diferem de profetas como

John Rosmer e Karsten Bernick, que confiam na possibilidade de um esclarecimento geral. A verdade, com respeito a Nietzsche, pode ser mortal, mas também pode emancipar, fato que Nietzsche está muito menos preparado para conceder.

Se a verdade é assunto ambivalente, é sobretudo porque muitos segredos desagradáveis estão esperando para vir à tona, especialmente quando se trata da arena de falsa consciência, a família. De *Édipo tirano* a *A morte de um caixeiro viajante*, o lar doméstico é um lugar onde a verdade é rotineiramente suprimida. Os locais tradicionais da arte trágica – campo de batalha, casa nobre, corte real – têm um equivalente moderno tão inundado de conflito, traição, despotismo e revolta, conhecido como família burguesa. A unidade fundamental da sociedade de classe média é lugar de tortura mental e culpa purulenta, enquanto os louvores da harmonia doméstica e da felicidade conjugal continuam a ser cantados na esfera pública. O conjunto doentio de pessoas de *A casa de bonecas* é um exemplo. "Nós nunca dissemos a verdade por dez minutos nesta casa!", reclama Biff Loman, o desencantado contador da verdade de *A morte de um caixeiro viajante*, de Arthur Miller. Não há necessidade de demônios e semideuses para que a tragédia prospere em uma era pós-heroica. Pelo contrário, o indizível pode ser encontrado no coração de uma de suas instituições mais reverenciadas. Essa é uma das razões pelas quais o fim do mito, ou a erosão da esfera pública, não anuncia a morte da tragédia.

Ideais de verdade e liberdade, então, são mais insistentes do que nunca; no entanto, eles podem acabar sendo tão corrosivos quanto o engano que buscam expor. "Se a verdade for seu absoluto, você morrerá", alerta um personagem em *Phaedra's Love* [*O amor de Fedra*], de Sarah Kane. O segredo e o interesse próprio levam à falsidade, mas também podem levar a uma resistência íntegra a eles. Em todo caso, não é difícil ver a retórica de figuras – por exemplo, Thomas Stockmann – como uma versão sublimada do individualismo da vida cotidiana sob o capitalismo. Como forma de empreendedorismo espiritual, ele reflete a ordem social que critica. Nesses moralistas inflexíveis, a sociedade de classe média protesta contra algumas das consequências menos palatáveis de sua própria busca pela liberdade. Em todo caso, não pode haver oposição simples entre o ideal radical e a realidade degradada, sobretudo porque o capitalismo na Noruega de Ibsen ainda é fresco e vigoroso o suficiente para aparecer como uma força revolucionária. Na verdade, ele é capaz de inspirar devaneios poéticos de paz e prosperidade nos mais ardentes de seus apologistas. É assim que o magnata da navegação Karsten Bernick, de *Pilares da comunidade*, e o ex-banqueiro John Gabriel Borkman falam de seus planos para o desenvolvimento industrial nos tons exaltados do visionário; de vastas extensões de floresta a serem abertas e ricos veios de minério a serem explorados, enquanto veios de metal enterrados profundamente na terra "estendem seus braços curvos, ramificados e acenando" (ato 4). Esse é o espírito heroico e transformador do mundo do Fausto, de Goethe, em seus últimos anos empreendedores, não do Merdle, de Dickens, ou dos proprietários de minas de Zola.

Quando se trata de mentiras profícuas, o drama de Ibsen é particularmente multifacetado. Há a mentira da vida cotidiana, no sentido da fraude e do subterfúgio da sociedade de classe média, mas também há a mentira da vida que pode tornar essa existência mais ou menos tolerável. Depois, há o ideal, que pode ser letal, libertador ou ambos. E se a honestidade necessária para reconstruir vidas humanas do zero fosse fatal para o bem-estar humano? Os ideais podem acabar sendo fantasias tóxicas e, portanto, versões mais sublimes da mentira da vida. Nada disso seria o caso se I. A. Richards estivesse certo de que, na tragédia, "a mente não foge de nada, não se protege com alguma ilusão, ela fica desconfortável, não intimidada, sozinha e autossuficiente".[44] A mentira da vida e o ideal podem coexistir, como no caso de Borkman, que sonha com um futuro glorioso, mas acredita falsamente que será reabilitado por aqueles que ele arruinou. Ou o ideal pode ser parte verdade e parte falsidade. Pode ser verdade,

44 Richards, *Principles of Literary Criticism*, p.217.

mas tirânico; justo, mas sem alegria, que é como Rebekka West vê os esquemas de Rosmer para esclarecer os concidadãos.

A obra de Ibsen levanta uma série de questões que ecoam por todo o drama moderno. Mesmo que sua causa seja uma ilusão, a tenacidade com que você se apega a ela é o que realmente conta? Você deve modificar suas exigências em nome daqueles que as consideram muito exigentes, ou um extremo de falsidade exige remédio igualmente imoderado? Você tem permissão para esmagar os sonhos consoladores dos outros se essa for a única maneira de estabelecer uma base de verdade sob seus pés, ou essa é a fantasia mais perniciosa de todas? "Provavelmente é melhor não ser enganado", observa o narrador de *Housekeeping* [*Limpeza*], de Marilynne Robinson, em uma declaração direta sobre o dilema, "embora talvez não seja." "Você, eu e todos os outros", protesta o Capitão em *O pai*, de Strindberg, "passamos pela vida – inconscientemente, como crianças – cheios de fantasias, ideais e ilusões [...]. E então acordamos; sim, talvez, mas com os pés no travesseiro, e quem nos acordou era ele próprio um sonâmbulo" (ato 2, cena 5). Em geral, considera-se que é a Ibsen que o comentário do Capitão se refere.

Os personagens do contemporâneo de Ibsen, Anton Tchekhov, são frequentemente vistos como figuras espiritualmente abandonadas, à deriva entre o passado e o futuro e afundados em ilusão sentimental. Raymond Williams fala deles, em *Drama from Ibsen to Brecht* [*Drama de Ibsen a Brecht*], como engajados em um entrelaçamento de ilusões, em vez de em qualquer coisa que se possa chamar de comunicação frutífera. No entanto, o julgamento precisa ser qualificado. Tio Vanya comenta que, "quando as pessoas não têm vida real, elas vivem de suas ilusões", e há de fato tais figuras em algumas peças: Tuzenbakh em *As três irmãs*, por exemplo, na tentativa de dar sentido à sua existência sem sentido ao se inscrever para trabalhar na fábrica de tijolos local, tem muito do mesmo *páthos* que os planos de Davies de obter seus papéis de Sidcup, em *O zelador*, de Harold Pinter. Há boa dose de autoengano em partes de *As três irmãs*. Contudo, como já vimos, alguns dos personagens de Tchekhov são ironicamente conscientes de sua própria condição, e poucos deles vivem de ficções egoístas à maneira dos traficantes de fantasia de Ibsen. Esses perdulários e excêntricos podem se entregar a um estranho surto de pensamento positivo, mas poucos são prisioneiros de uma mentira da vida. Em todo caso, o mundo de Tchekhov é crepuscular demais para acomodar a luz feroz de um Brand ou um Borkman. A tragédia seria uma forma muito severa para essa esfera de meias-luzes e obliquidades, cuja nota típica é mais autocastigo do que autoengano.

Ivanov está cheio de autodesgosto, enquanto Trepliov, de *A gaivota*, acusa a si mesmo de vagar em um mundo de sonhos. Astrov, de *Tio Vanya*, declara que sua situação e a de seus companheiros é desesperadora e que a vida provinciana envenenou seu sangue com vapores pútridos. Vershinin em *As três irmãs* vê a felicidade como algo além do alcance e suspeita que ele e seus companheiros serão todos esquecidos, enquanto Tchebutykin se pergunta se algum deles realmente existe. Lyubov Andreyevna, em *O jardim das cerejeiras*, é uma proprietária de terras bem ciente de sua extravagância ruinosa. Essa é uma classe social presente em seu próprio declínio. Na verdade, ela mostra um grau surpreendente de percepção sobre sua falência moral, mesmo que essa autoconsciência taciturna também faça parte de sua doença. A ficção tchekhoviana mais comum, como com Trofimov, de *O jardim das cerejeiras*, é uma exortação estimulante ao trabalho; porém, apesar de toda sua retórica enganosa, Trofimov está bem ciente de que a existência civilizada é construída não simplesmente no trabalho, mas na exploração, e não são muitos aqueles que falam nas peças de forma lírica sobre as virtudes do trabalho duro que são pegos manuseando uma pá.

Como todas as peças de J. M. Synge, *The Playboy of the Western World* [*O playboy do mundo ocidental*] exibe extraordinária opulência de linguagem, mas, diferentemente de algumas de suas outras peças teatrais, é um drama *sobre* palavras: sobre seu poder, mas também sua impotência; sua capacidade de gerar ilusão, mas também de transfigurar a realidade, sua função performática em vez de representativa. Palavras em uma nação empobrecida não custam nada, e a bajulação com a qual Christy busca cortejar Pegeen Mike, como tantas vezes na escrita irlandesa, pode oferecer alguma compensação escassa pelo tédio e esterilidade da vida cotidiana. A exuberância verbal das peças de Synge está em desacordo com a dureza de seu conteúdo. Os protagonistas da peça irlandesa mais famosa de todos os tempos, *Esperando Godot*, encontram alívio para essa condição desoladora na mentira vital de que um redentor está próximo; um advento que, pelo que sabemos, pode ser catastrófico se acontecer. Em uma peça irlandesa posterior, *Translations* [*Traduções*], de Brian Friel, um membro de uma comunidade de língua irlandesa em Donegal escapou da pobreza e da repressão colonial para um sonho de antiguidade clássica, anunciando orgulhosamente que estava prestes a se casar com Palas Atena. Tal fantasia é tema recorrente no drama irlandês, como sugeriria *Juno e o pavão*, de Sean O'Casey.

Convencidos de que o tímido Christy matou seu próprio pai, os aldeões da peça de Synge projetam suas fantasias sobre esse suposto parricídio; no entanto, a ficção acaba sendo produtiva, pois o herói assume essa falsa identidade a sério, falando como um poeta e exibindo alguma proeza atlética surpreendente. Não é, então, simplesmente uma questão, como Pegeen Mike coloca, do conflito entre uma história *gallus* (gloriosa) e uma ação suja, mas da maneira como o mito pode fechar a lacuna entre as duas remodelando a realidade à sua própria imagem. Ou, como Christy coloca: "Você está tentando fazer de mim um homem poderoso hoje pelo poder de uma mentira". Como não matou de fato seu pai (o que também pode ser verdade para Édipo), ele é a criatura de um não evento; mas a ilusão assume certo grau de verdade à medida que o drama se desenrola, de modo que, no final da peça, Christy empurrou o patriarca simbolicamente para o túmulo em um ato de desafio filial, permitindo que seu pai renascesse como amigo e camarada. Ao mesmo tempo, ele abandona o bando iludido de sonhadores entre os quais se abrigou: homens e mulheres que primeiro o refazem à imagem de seu próprio desejo e, então, não vendo mais uso terapêutico para eles, o expulsam.

A ironia, no entanto, é que os aldeões realmente transformaram Christy em herói, embora não o alimentando com uma versão falsa de si. É quando toma conhecimento desse mito pelo que ele é, reconhecendo que a aprovação desse bando de covardes, bajuladores, valentões e manipuladores não vale a pena, que Christy é capaz de encontrar sozinho o significado em si mesmo e, ao fazê-lo, encontrar seu pai em termos mais iguais. É virando as costas para a heroicização de seu feito que ele se torna um herói genuíno. Agora, de fato, tem uma história para contar pelo resto de seus dias, mas não será o conto exagerado de ter matado o pai. Em vez disso, será *a* fábula – a narrativa recontada pela própria peça, a história de suas aventuras entre esses homens e mulheres gananciosos, covardes, violentos e sexualmente reprimidos – "da vilania de Mayo e dos tolos que estão aqui", como seu pai diz, e nessa medida uma lenda com base sólida na realidade social. Uma ilusão foi convertida em uma ficção geradora de vida, pois o comportamento miserável dos moradores ajuda a transformar Christy em um jovem mais admirável do que ele era quando topou pela primeira vez com um bar.

Martin e Mary Doul, os mendigos cegos de *O poço dos santos*, de Synge, têm a visão restaurada por um milagre; mas tendo vislumbrado uma porção da feiura e vilania de seus arredores e, principalmente, a aparência repulsiva um do outro, eles decidem ficar cegos novamente. A principal distinção é entre ser forçado a viver uma ilusão e escolher ativamente por ela. Aqueles que emergem da cegueira podem ver mais claramente do que os que veem: "são poucos os que veem, mas esses são cegos por um tempo", observa Martin. O par agora tem visão mais aguçada dos meios pelos quais os outros tentam enganá-los, uma percepção que é suficiente para fazê-los ansiar pela escuridão de novo. "A visão é uma coisa estranha para perturbar um homem", Martin Doul reflete. Mesmo assim, o casal agora é capaz de incorporar certo conhecimento à sua ignorância eleita. Conscientes de que foram alimentados com mentiras por aqueles ao seu redor, eles retiram a poeira de um mundo dúbio à maneira de Christy Mahon, mas com reconhecimento claro do que estão renunciando. Como Édipo, optam pela cegueira porque viram tudo demasiadamente bem.

Mary Tyrone, a esposa viciada em drogas e mãe de *Longa jornada noite adentro*, de Eugene O'Neill, também se engana, embora não no modo obstinado dos Douls. Ela se recusa a confrontar o próprio vício ou a doença de seu filho Edmund. Seu marido, James Tyrone, nega a própria embriaguez; diferentemente de seu filho alcoólatra Edmund, que se pergunta em voz alta por que alguém deveria querer ver a vida como ela realmente é se pudesse evitá-la. Eles vivem, ele observa, em um mundo onde a verdade é falsa. A névoa que envolve a residência Tyrone é símbolo um tanto intrusivo de ocultação e falsas aparências e uma fuga para a fantasia privada.

Obra muito inferior é o drama sem forma e prolixo de O'Neill, *The Iceman Cometh* [*O homem de gelo chega*], do qual um dos poucos pontos altos literários é o próprio título. O vendedor Theodore Hickey, um zeloso e recém-convertido acólito da verdade, decide privar os vagabundos e os bêbados ao seu redor de seus sonhos impossíveis, acreditando que estar livre do falso desejo lhes trará paz. Nem mesmo Larry Slade, um ex-revolucionário desiludido que virou misantropo profissional e despreza a ideia da verdade, e que está somente esperando até que a morte venha buscá-lo, está além do alcance do projeto redentor de Hickey, já que seu niilismo é, na visão de Hickey, simplesmente outra mentira. Desdenhoso da vida, mas relutante em pôr fim à sua própria, esse "Anunciante do Grande Sono" está apenas racionalizando o próprio medo e fracasso. "Você pode finalmente se soltar de si mesmo", Hickey exorta seus comparsas bebedores. "Deixe-se afundar no fundo do mar. Descanse em paz. Não há mais nada que você precise fazer. Não há uma única maldita esperança ou sonho para incomodá-lo." Um ou dois de seus companheiros, no entanto, permanecem não convencidos. "Eu assisti a muitos casos de abstinência quase fatal", observa um deles, "mas todos eles saíram completamente curados e bêbados como sempre."

Hickey, então, é o Iceman que prescreve uma morte em vida como a única cura para os cronicamente autoiludidos. Apenas os mortos ou os totalmente desinteressados estão livres da fantasia. No entanto, essa esperança também é construída na areia, já que Hickey, consumido pela culpa das ilusões que sua esposa, Evelyn, nutre sobre ele, a mata para libertá-la dessa falsa consciência. Para salvá-la dele e, ao fazer isso, para compensar a própria miséria moral, ele atira na cabeça dela. A improbabilidade da situação pertence à mediocridade da peça como um todo. Já que a esposa de Hickey nunca teria acordado de seus sonhos enquanto estivesse viva, é melhor garantir que ela nunca acorde. E já que ele acaba com a vida dela para preservar as ilusões até o fim, bem como dissipá-las, Hickey conseguiu uma vitória dupla.

A morte espiritual que Hickey promete a seus colegas, então, acaba tendo a fonte em um assassinato literal. No entanto, uma vez que o crime é revelado, seus companheiros bebedores aproveitam isso como desculpa para se refugiarem mais uma vez em seus mitos particulares, certos de que Hickey está louco (o que pode realmente ser verdade). Sua campanha para pôr fim aos sonhos impossíveis é simplesmente um exemplo de sua insanidade. Em vez de libertá-los das fantasias, ele acaba reforçando-as. Como eles se recusam a comprar a verdade que Hickey apregoa, ele não é um vendedor mais bem-sucedido do que Willy Loman, de Arthur Miller. O Iceman também acaba buscando desesperadamente um consolo falso: a mentira de que ele nunca teria machucado sua esposa, embora tenha de fato apontado uma arma para ela. Assim como Larry Slade, sua cruzada contra o autoengano simplesmente racionaliza a própria situação. A peça não permite a possibilidade de uma desmistificação que também pode ser desinteressada. Parece não haver maneira de desmantelar enganos que não sejam enganos em si.

Se as únicas opções que *The Iceman Cometh* oferece ao público são niilismo e escapismo, é principalmente porque os ideais de seus personagens são inúteis. A visão dialética de um Ibsen, em que um ideal pode ser tanto escravizador quanto emancipador, está além do escopo de seu sucessor norte-americano, para quem a visão agora caiu em mero devaneio. Os visionários falhos de Ibsen estão dispostos a destruir ilusões para estabelecer as bases para a verdade e a alegria, enquanto para Hickey é a morte, e não a vida, que está além da prisão da fantasia. Outro desses brutais contadores de verdades, que apareceu pela primeira vez no palco norte-americano quase ao mesmo tempo que o protagonista de O'Neill, é Stanley Kowalski de *Um bonde chamado desejo*, de Tennessee Williams, determinado a demolir as pretensões pseudorrefinadas da magnificamente retratada Blanche DuBois. Blanche, que não suporta ser vista em plena luz do dia, é fornecedora de encantamento e adversária declarada do realismo. "Sim, sim, magia!", ela exclama. "Eu tento dar isso às pessoas. Deturpo as coisas para elas. Não digo a verdade. Digo o que *deveria* ser a verdade." A peça *Gata em teto de zinco quente*, de Williams, também está inundada com tais devaneios, como o show de horrores góticos da família Pollitt, que se cega para a doença terminal de Big Daddy, enquanto o próprio Big Daddy está enojado com o engano com o qual ele foi envolto por quarenta anos. Seu filho alcoólatra, Brick, que afirma que "a falsidade é um sistema em que vivemos", repudia veementemente sua homossexualidade, enquanto o homem que ele ama, Skipper, apenas é capaz de reconhecer seu desejo por Brick à custa de se destruir.

Vimos que Jacques-Alain Miller considera o herói trágico como leal a um mestre-significante, enquanto o sujeito da comédia se identifica com o *objet petit a* lacaniano (o pedaço de lixo, a negatividade inútil ou o pedaço humilde do Real que derruba todos os papéis simbólicos estáveis).[45] A trajetória do teatro trágico é, muitas vezes,

45 Ver Žižek, *The Fragile Absolute*, p.39.

suficiente de um para o outro, como Édipo, Lear ou Otelo são reduzidos a mendigos ou palhaços, e a elevada visão trágica é esvaziada pelo farsesco e grotesco. Em *A morte de um caixeiro viajante*, de Arthur Miller, o confronto entre Willy Loman e seu filho Biff representa exatamente esse impasse entre o cômico e o trágico. "Pai! Eu não valho um centavo, e você também não! [...] Eu sou nada!" Biff grita furiosamente para seu pai, que continua a se medir pelo sonho americano. "Eu não sou um nada!", Willy relembra, com dignidade profundamente comovente. "Eu sou Willy Loman e você é Biff Loman!" Ambos os personagens estão certos: do ponto de vista do mercado de trabalho, os dois homens são de fato lixo, insignificantes, tão trocáveis quanto moedas e, portanto, cômicos no sentido de Jacques-Alain Miller; no entanto, Willy rejeita o filho apelando para a esfera da ideologia, para a qual a singularidade do indivíduo é sacrossanta e, como tal, permanece tragicamente leal a um mestre-significante. Seu fracasso, mas também sua grandeza, reside no fato de que ele não pode recuar dessa nobre mentira ("um sonho falso", como Biff o chama sarcasticamente) mesmo quando ela está desmoronando em torno dele. É o que o próprio Arthur Miller chama de "insistência fanática em seu papel autoconcebido".[46] *O grande Gatsby*, de Scott Fitzgerald, fala de forma semelhante sobre a vitalidade colossal da ilusão de Gatsby, embora suas consequências sejam fatais.

Pode-se ver a situação de Loman como desaprovação viva do conselho de Polônio a Hamlet. E se ser fiel a si mesmo significar endossar ideais falsos e tentar impô-los aos outros, como Willy faz com seus filhos rebeldes? E se sua busca por identidade significar morrer sem nunca ter conhecido quem você foi? E se você for forçado a enquadrar seu desejo por respeito, por mais louvável que seja, em termos moralmente inúteis? Deve-se, então, como Biff, contentar-se com a indiferença do Outro e desistir? Evitar a questão completamente, como o filho mais novo de Willy, Happy? Ou, como o próprio

46 Miller, *Plays 1*, p.33.

Willy, continuar a clamar por reconhecimento mesmo quando isso o empurra para a ilusão e, finalmente, para a morte? A ironia da peça é que, por meio de sua incapacidade de ir embora, Loman representa uma crítica devastadora da própria civilização cuja aprovação ele exige. Claramente, ela não é digna de seu comprometimento. De fato, o próprio Miller vê seu protagonista como assombrado pela vacuidade da ideologia na qual ele investe tão profundamente, e, portanto, não como totalmente autoiludido. Nesse sentido, a peça é menos uma tragédia de falsa consciência do que a de um homem dividido entre ilusão e realidade, ainda apegado ao ideal de ego enquanto cada vez mais ciente de sua nulidade. Outra ironia da peça é que ela mostra a farsa do sonho americano enquanto admira certos valores que pertencem a ele, sobretudo a autoconfiança obstinada de seu herói. Eddie Carbone, de *A View from the Bridge* de Miller, também se precipita para a morte nas garras de uma falsa exigência, mas a peça é movida por sua recusa em se contentar com a metade, da mesma forma que *Caixeiro viajante* elogia, assim como critica, a tentativa condenada de Loman perseguir o sonho. É vital ser verdadeiro consigo, mas e se uma pessoa for definida por uma ética corrupta de sucesso ou, como no caso de Carbone, um código arcaico de honra que dificilmente merece a estima de alguém?

A peça *Murder in the Cathedral* [*Assassinato na catedral*] é a única das peças de T. S. Eliot em que verdades espirituais podem fazer contato com pessoas comuns. De fato, há conexões construídas entre as duas na forma litúrgica do drama, assim como padres, acólitos, coro e leigos são unidos no ritual da missa. No final da peça, até mesmo o Coro timidamente convencional passou a sentir algo do significado do martírio de Thomas Becket, um evento que pode prosperar em suas vidas discretas. Em *The Family Reunion* [*A reunião de família*] e *The Cocktail Party* [*O coquetel*], por outro lado, não pode haver comércio entre os que estão metafisicamente bem informados e os relegados à escuridão exterior. Em vez disso, somos apresentados a uma hierarquia de níveis de consciência, com os conhecedores espirituais em seu ápice, a uma série de figuras estúpidas da alta sociedade na sua base e a um punhado de personagens no meio que estão vagamente conscientes de que algo importante está acontecendo, mas que não têm certeza do que pode ser. Essa classificação dentro da peça reflete uma na plateia: na visão de Eliot, haverá alguns poucos selecionados no auditório com algum vislumbre de percepção sobre os significados mais profundos de uma peça, junto com aqueles moralistas que nem mesmo estão cientes de que os personagens estão falando versos vazios.

O objetivo do drama não é, de forma alguma, preencher essa lacuna. Pelo contrário, o teatro de Eliot constitui um espaço no qual ação e significado – o que vemos no palco e o subtexto religioso ao qual ele alude – ostensivamente falham em se cruzar. De fato, as peças têm prazer perverso nessa desconexão. Assim como com Ibsen e Tchekhov, a maioria dos eventos-chave acontece fora do palco, já que o cenário naturalista da sala de estar não pode representá-la diretamente. Nesse sentido, a forma do drama atua como crítica do que pode ou não ser mostrado, traçando uma linha entre a vida cotidiana e o que a transcende. Ao se manterem dentro dos limites do naturalismo, as peças atraem atenção irônica para seus próprios limites, sugerindo que o tipo de drama espiritual que seu autor gostaria de produzir não é mais possível nas condições sem alma da modernidade tardia. Em *The Cocktail Party*, monólogos metafísicos são interrompidos pelo telefone, de maneira que chama ambas as esferas para uma questão satírica. A vida cotidiana é uma piada de mau gosto, assim como o ato de transcendê-la: o martírio da virtuosa Celia é uma peça deliberadamente insípida de *comédie noire*. A aparição das Fúrias na janela da sala de estar em *The Family Reunion* é outra das piadas maliciosas de Eliot, enquanto o dramaturgo levanta as mãos em desespero irônico diante da perspectiva de inserir questões tão importantes quanto o pecado, a culpa, a punição e a expiação no mundo bidimensional da alta sociedade. O melhor que se consegue em *The Cocktail Party* por meio de um conselheiro espiritual é o psiquiatra Reilly, um sacerdote secular pelo qual o desdém de Eliot não é difícil de imaginar. Como muitos exemplos nessas peças, Reilly é uma piada às custas de seu próprio autor.

Tudo isso, no entanto, não se permite ser muito pesado contra a sociedade educada. A consciência cotidiana está fadada a ser falsa consciência, e esperar mais dela seria uma utopia infrutífera. É suficiente que um pequeno grupo de homens e mulheres veja através da conversa fiada e dos coquetéis uma esfera de salvação e de condenação. Valores espirituais, principalmente se não quiserem ser vulgarizados, devem ser isolados da experiência comum, mesmo que seja aí que eles supostamente devam trabalhar. Tanto o reino da metafísica quanto o mundo de martínis são esvaziados por sua separação mútua: um, reduzido a algumas indicações intermitentes de eternidade que nunca podem se tornar tangíveis; outro, a um conjunto de convenções sociais frágeis. A fé cristã de Eliot não está relacionada à encarnação, não importa o que ele professe formalmente, e as formas de seu drama refletem isso. No entanto, embora as maneiras sociais possam ser ociosas, elas devem ser preservadas, pois protegem os Homens Vazios de Chelsea e Kensington de verdades que podem destruí-los até o âmago. A humanidade não pode suportar muita realidade espiritual, e a realidade espiritual não é muito apaixonada pela humanidade. Se a verdade se tornasse aparente para os Edwards e as Lavinias desse mundo, os coquetéis não circulariam mais e a conversa fiada da sala de estar terminaria. Não há necessidade de um contador de verdades ibsenita em Mayfair. Cada esfera, sagrada e profana, é necessária à sua maneira; porém, misturá-las seria fatal para ambas. Eliot pode, portanto, elogiar a alta sociedade enquanto continua a endossá-la. Alguns visionários solitários renunciarão o mundo, mas é prudente para o resto de nós nos curvarmos aos seus protocolos em um espírito de derrotismo irônico. A verdade e a ilusão coexistem, mas não se misturam bem. É a situação oposta à peça de Edward Albee, *Quem tem medo de Virginia Woolf?*. "Verdade e ilusão, George: você não sabe a diferença", Martha acusa o marido. Ao que ele responde: "Não, mas devemos continuar como se soubéssemos".

5
Os inconsoláveis

O espírito liberal tende a ser cauteloso com o confronto direto, preferindo imaginar um equilíbrio de forças opostas. "A verdade, nas grandes preocupações práticas da vida", escreve John Stuart Mill em *Sobre a liberdade*, "é muito uma questão de reconciliação e combinação de opostos, que muito poucos têm espíritos suficientemente amplos e imparciais para fazer o ajuste com correção".[1] Essa é a nota clássica do liberalismo moderno. A verdade é multifacetada, e o partidarismo só pode distorcê-la. O meio-termo é o lugar mais prudente para se posicionar. A diferença deve ser celebrada, mas o conflito é geralmente indesejável. Para o radical, ao contrário, certos antagonismos são inevitáveis, e afirmar a diferença pode envolver uma disputa. A verdade das situações pode ser unilateral: qual é o meio-termo entre o racismo e o antirracismo, e que equilíbrio sensato deve ser alcançado entre judeus e antissemitas? É melhor fazer as pazes com os fascistas, buscando algum ponto em comum, ou tentar derrotá-los? Se a alegação de que as mulheres foram reprimidas ao longo

---

1 Mill, *On Liberty and Other Essays*, p.54.

da história é parcial, ela não é também verdade? Conciliar pode ser desarmar o conflito de forma que convém mais a uma parte do que a outra. Sem justiça pode não haver relaxamento das hostilidades, e garantir a justiça pode significar ter que lutar por ela. Além disso, a unidade não é um bem inerente. A Alemanha nazista forneceu um excelente exemplo. Há também a questão de quem define os termos para que uma solução deva ser alcançada.

"Desde o início, em todas as discussões sobre tragédia", escreve Helen Gardner, "uma nota é sempre tocada: que a tragédia inclui, ou reconcilia, ou preserva em tensão, os contrários."[2] A reconciliação, insistem Miguel de Beistegui e Simon Sparks, é "a exigência fundamental do pensamento [trágico]".[3] I. A. Richards, para quem a tragédia é "a coisa maior e mais rara na literatura", a vê como equilíbrio e reconciliação de opostos, à medida que a piedade e o terror alcançam um delicado equilíbrio. A alegria no cerne da experiência trágica, considera Richards, não é indicação de que tudo está bem com o mundo, ou que a justiça existe em algum lugar, mas que "tudo está certo aqui e agora no sistema nervoso",[4] pois a obra trágica atinge um equilíbrio satisfatório entre nossos impulsos discordantes. É difícil a ironia dessa visão do trágico exagerar. Pode-se esperar que o romance realista termine com um acordo amigável, já que a forma representa uma das conquistas culturais supremas de uma classe média cada vez mais confortável com o mundo. No entanto, é estranho esperar tal harmonia da forma de arte que nos confronta, mais do que qualquer outra, com perda e devastação, e que supostamente o faz sem paliativo ou falsa esperança.

Richards sustenta que a essência da tragédia é que ela nos força a viver por um momento sem as supressões e sublimações que são nossos recursos habituais. No entanto, mesmo que isso seja verdade,

2 Gardner, *Religion and Literature*, p.24.

3 Beistegui; Sparks (Ed.), p.11.

4 Richards, *Principles of Literary Criticism*, p.217-218.

é duvidoso que seja alcançado pelo dispositivo de equilíbrio. Como alguém poderia plausivelmente argumentar que o equilíbrio ou a reconciliação é a tônica de *Édipo tirano*, *Rei Lear*, *Fedra* ou *Rosmersholm*? O Penteu de Eurípides faz as pazes com o mundo, e a concórdia reina no final de *Andrômaca*, de Racine? Estados de resolução, afinal, não são fáceis de transformar em teatro fascinante. Nós temos a tendência de achar a discórdia mais atraente do que a unidade, o que é uma das razões pelas quais o drama trágico a coloca no centro do palco. Sem dúvida, há impulso psicológico subjacente a essa compulsão de unificação, bem como impulso ideológico. Confrontada com um conjunto de fragmentos, a mente acha difícil resistir a unificá-los, como se estivesse tomada por alguma fantasia kleiniana de reparação, sem parar para perguntar se não seria melhor deixá-los como estão.

É verdade que muitas tragédias terminam com uma tentativa de renovação, como quando Fortinbras[5] avança triunfantemente no palco, Lear é misericordiosamente sepultado e Catherine e Heathcliff[6] encontram no túmulo um refúgio da tempestade da história. Mas esses vislumbres intermitentes de uma forma de existência menos miserável não devem ofuscar o desgosto da ação trágica. Mesmo quando a reconciliação é alcançada, provavelmente teria sido melhor se os eventos que a tornam necessária não tivessem acontecido. Quando Walter Kaufmann afirma que o valor da tragédia está em sua "recusa em deixar que qualquer conforto, fé ou alegria ensurdeça nossos ouvidos aos gritos torturados de nossos irmãos", ele não quer sugerir que não haja consolo nessa forma de arte.[7] Trata-se antes de que, para Iago, receber a sua punição não é compensação pela morte de Desdêmona. Aristóteles considera Eurípides o mais trágico dos antigos dramaturgos gregos porque ele não recua diante de finais não reconciliados.

---

5 Personagem de *Hamlet*. (N. E.)

6 Personagens de *O morro dos ventos uivantes*. (N. E.)

7 Kaufmann, *Tragedy and Philosophy*, p.182.

Em uma corrente de teoria trágica que vai de Schiller a Heidegger, temos certeza de que as feridas podem ser curadas, os antagonismos superados e as forças mortais apaziguadas. Os apologistas de uma classe média ascendente são capazes de acomodar até mesmo a tragédia dentro de sua visão ingênua do progresso. Não apenas para acomodá-la de fato, mas para clamar, como Nietzsche e Wagner, por seu renascimento em seu próprio tempo. Ludwig Wittgenstein observa o quanto ele não simpatiza com essa visão: em seu mundo, escreve em *Cultura e valor*, "dificuldades e conflitos não se tornam algo esplêndido, mas um *defeito*".[8] Ele assume, em outras palavras, que o esplendor é a marca registrada do trágico, e o rejeita por esses motivos. Mas pode não haver inicialmente necessidade dessa suposição.

A teoria da tragédia que Wittgenstein rejeita é particularmente influente no final do século XVIII e no século seguinte. Não se trata de que a tragédia tenha migrado do palco para o gabinete; embora, quando se trata da tragédia romântica, grande parte da qual é mais poesia do que *performance*, lembremos a observação ácida de George Steiner de que raramente um grupo mais distinto de autores produziu um conjunto de obras mais sombrio.[9] Antes, é que a forma tem algum trabalho teórico importante a realizar e, assim, é vital para ser confinada ao teatro. "Generalizar a tragédia", observa Simon Goldhill sobre esse *corpus* de trabalho, "tira a tragédia da esfera do gênero literário e a estabelece como um meio para compreender o eu como um sujeito político, psicológico e religioso. A tragédia é um caminho para a autodefinição da modernidade."[10] Ela é o choque entre a liberdade e a necessidade que mais interessa a esses criadores de um conceito conhecido como trágico; noção, aliás, bastante estranha a

8 Wittgenstein, *Culture and Value*, p.12e.

9 Ver Steiner, *The Death of Tragedy*, p.122. Certamente, há uma série de exceções bem conhecidas a essa restrição.

10 Goldhill, The Ends of Tragedy. In: Billings; Leonard (Ed.), *Tragedy and the Idea of Modernity*, p.233. Há também um relato esclarecedor sobre o tema em Leonard, *Tragic Modernities*, cap.3.

Aristóteles que, em seu pequeno tratado seco e formalista sobre a poética, lida com a tragédia como gênero artístico, mas não como visão de mundo, e a julgar por seus escritos éticos e políticos, ele teria considerado inaceitável a ideia de uma visão trágica. Que a tragédia possa desbloquear o conflito entre destino e liberdade é o que toda uma gama de filósofos acha mais precioso sobre ela, de modo que o drama trágico se torna um assunto ético-político, bem como estético.

Um problema é que ações livremente empreendidas estão fadadas a gerar efeitos incontroláveis, e que podem então vir a confrontar o próprio agente como uma forma de destino. Não apenas minhas ações livres podem acabar obstruindo as suas, mas eu mesmo posso ser uma vítima delas. É então que a liberdade dá origem à servidão, um paradoxo que apenas uma forma dialética de pensamento pode compreender. Do Édipo de Sófocles ao Karsten Bernick de Ibsen, do Orestes de Ésquilo ao Danton de Büchner, as ações podem retornar em estranho disfarce para atormentar seus executores. Forjamos as correntes que nos prendem, voluntariamente nos dobrando no arreio da necessidade à maneira do Agamenon de Ésquilo. A liberdade é seu próprio adversário mais letal. Nas sociedades de mercado, pelo menos a juízo de Marx, essa contradição é a ordem do dia.

Ao lado desse problema, há outro. Ao buscar moldar o mundo para os próprios fins, a civilização da classe média desenvolveu poucos instrumentos mais formidáveis do que a ciência e a tecnologia; mas o que a ciência tem a nos dizer é que todos os fenômenos materiais são governados por certas leis rigorosas, e é difícil ver como os seres humanos podem estar isentos desse determinismo. Segue-se que o que lhes permite governar a Natureza também ameaça confiscar a liberdade. A liberdade deve recorrer à previsão e ao cálculo para atingir seus objetivos, um projeto que pode acabar arruinando-a. Agir livremente é assumir que a história é aberta; mas isso também requer um grau de conhecimento determinado, e conhecimento desse tipo é difícil de se obter em um mundo imprevisível. Assim, o filósofo John Macmurray resume esse dilema kantiano: "Só podemos conhecer um mundo determinado; só podemos agir em um mundo indeterminado".[11] Ser livre é ser autodeterminado, obedecendo apenas às leis que alguém dá a si mesmo, e leis desse tipo não podem ser reduzidas às regularidades da física. No entanto, se a moral e o material são divididos em esferas, a humanidade pareceria não ter fundamentos além de si, de modo que compramos a liberdade ao preço de nosso desabrigo. Nem sequer pode haver uma imagem material de tal liberdade. O que é reivindicado como mais definitivo sobre os seres humanos – "Liberdade", escreve Friedrich Schelling, "é o único princípio no qual tudo se apoia"[12] – desliza pela rede da linguagem, confunde a representação e figura apenas como uma epifania muda ou um silêncio eloquente (como o mercúrio, elemento que pode ser vislumbrado pelo canto do olho, mas que desaparece quando se tenta olhar diretamente). Não pode haver imagem esculpida dessa capacidade quase divina.

O fundamento da sociedade de classe média – o sujeito livre – pareceria ser, portanto, mais um abismo do que um alicerce. Esse ponto de pura autodeterminação, eternamente surgido de si mesmo, não é mais que pura negatividade infinitamente maior que qualquer objeto determinado. Ela é fonte de nossas ações, embora não possa estar totalmente presente em qualquer delas. Ao que parece, a filosofia não consegue encontrar ancoragem segura nessa não entidade e acaba se agarrando ao ar vazio cada vez que tenta prendê-la. Portanto, ela é incapaz de pensar as condições viabilizadoras de seu próprio empreendimento. O pensamento requer um terreno absoluto; no entanto, se esse fundamento for tão instável quanto a subjetividade, não pode ser mais do que objeto de fé. Fazer do sujeito um ser determinado, contudo, seria roubar sua essência. Conhecer o eu é anulá-lo, enquanto não o conhecer significa contentar-se com uma cifra, um buraco negro no centro da modernidade. O Homem Burguês

11 Macmurray, *The Self as Agent*, p.55.
12 Schelling, *System of Transcendental Idealism*, p.35.

parece estar cego para si mesmo no auge de seus poderes, uma criatura arrogante que se desfaz no ato de humanizar o mundo ao seu redor.

Para a escola de Kant, então, parece haver um toque de tragédia sobre o estado cotidiano da humanidade, dividida entre a existência fenomenal e a liberdade ou a razão, que escapa à sua compreensão conceitual. O sujeito é livre em todos os lugares, mas em todos os lugares acorrentado, vivendo em mundos divididos e distintos, um escravo de leis na esfera da Natureza das quais é absolvido no domínio do espírito. É uma visão não totalmente distante daquela da tragédia grega antiga, para a qual homens e mulheres dotados de uma autonomia limitada lutam na semiescuridão com forças sobre as quais são incapazes de exercer soberania, constrangidos a agir, e condenados a um conhecimento que é sempre parcial e precário. "Na tragédia", observa Dennis Schmidt, "aprende-se que o domínio do ético não é compatível com o horizonte do humano."[13] É no período que se segue ao alerta de Kant contra um desejo muito presunçoso de conhecimento, colocando o metafísico fora dos limites da razão humana, que Édipo, com fome por uma verdade que finalmente arrancará seus olhos, encena uma aparição regular na filosofia alemã. *Édipo tirano* é, à sua maneira, uma crítica da Razão Pura.

Mesmo assim, há certo conforto a ser colhido das reflexões de Kant. Em um ensaio de 1915, o fenomenologista Max Scheler afirma que a resignação é o melhor fruto da tragédia, pois encontramos paz no pensamento de que nenhum mundo melhor é possível. O reino da causalidade física é, de fato, distinto do reino dos valores; mas, na visão de Scheler, isso nos liberta de falsas expectativas de que o mundo deva se comportar de forma moralmente louvável.[14] O próprio Kant encontra algum consolo na fé de que o abismo entre Natureza e espírito pode ser transposto pela estética. A obra de arte é algo material e, portanto, é um objeto de cognição teórica; mas em

13 Schmidt, *On Germans and Other Greeks*, p.15.
14 Ver Scheler, On the Tragic. In: Corrigan (Ed.), *Tragedy*.

sua unidade e autonomia, ela se comporta mais como um sujeito humano. Além disso, a obra de arte é empírica e racional, sensorial e inteligível, unindo Natureza e espírito também dessa forma. É na arte, acima de tudo, que o supersensível se manifesta no sensível. A *Crítica da faculdade de julgar*, de Kant, pode, portanto, encontrar na obra de arte um elo entre o mundo como objeto de conhecimento (tema da *Crítica da razão pura*) e a esfera moral ou racional, que é a esfera da *Crítica da razão prática*.

O que é pouco mais do que um experimento mental ou hipótese especulativa em Kant se tornará uma estética filosófica completa na obra de alguns de seus herdeiros. Não levará muito tempo para que a obra de arte seja aclamada como o lugar onde a liberdade e a necessidade são espontaneamente uma só. Como um todo auto-organizado, o artefato é governado por uma lei ou totalidade e, portanto, cai sob o domínio da necessidade; no entanto, em uma inspeção mais detalhada, a lei em questão acaba sendo nada mais do que a articulação mútua das partes da obra, cada uma das quais é livre (no sentido de autodeterminação), porém, baseia essa liberdade em suas relações recíprocas com as outras. Cada aspecto da obra é enriquecido por suas interações com o resto e, ao se conformar à lei do todo, é capaz de prosperar livremente. Sinais poéticos, como cidadãos responsáveis, se unem para o bem comum. A obra de arte é, portanto, uma alegoria política, bem como uma coisa bela, mesmo que permaneça distante dos assuntos de Estado. "A poesia", declara Friedrich Schlegel, "é discurso republicano: um discurso que é a própria lei e fim em si mesmo, um no qual todas as partes são cidadãs livres e têm o direito de votar."[15] A arte nos oferece a visão de uma ordem política unificada, mas uma unidade que funciona por meio de suas características individuais em vez de passar por cima delas. Ela é inimiga tanto da anarquia quanto da autocracia.

Assim é que, em uma era de revolução, a arte exemplifica uma forma de liberdade que se conforma à lei em vez de desrespeitá-la.

---

15 Schlegel, *"Lucinda" and the Fragments*, p.150.

Em termos gramscianos, sua autoridade é hegemônica em vez de coercitiva. Ela permite que cada um de seus elementos sensoriais se expresse livremente, recusando-se a sujeitá-los a algum esquema rígido, mas também é um milagre de unidade orgânica. Se o dilema do idealismo alemão está em como reconciliar a liberdade do sujeito com sua necessidade de ser bem fundada, a obra de arte nos oferece uma lição maravilhosamente conveniente sobre como a liberdade e o fundamento podem conspirar juntos.

Dado que a obra de arte como um todo funciona nos e por meio de seus elementos concretos, ela é um modelo de racionalidade sensorial, uma forma de razão que promete unir o sensível e o inteligível, o finito e o infinito, a necessidade e a liberdade, a Natureza e o espírito. A arte envolve os sentidos, e é por isso que pode transformar homens e mulheres mais profundamente do que qualquer doutrina abstrata, mas não é uma multidão indisciplinada de sensações, semelhante à *canaille* que invadiu a Bastilha, já que seus conteúdos sensoriais são moldados internamente por um desenho coerente. A própria razão é sensualizada para que possa permanecer em contato com as necessidades e os sentimentos humanos, em vez de se desviar para algum racionalismo enfraquecido. A liberdade é objetivada, feita para assumir uma forma palpável. Espreitando sob esse modelo de obra de arte, como sob quase todo o discurso estético, está um conceito teológico: o da Encarnação ou Verbo feito carne.

A harmonia da liberdade e da necessidade, o sensível e o inteligível e assim por diante são parte do que se entende por beleza. Mas há também a questão do sublime, que, em vez de reconciliar sentido e espírito, representa a vitória deste sobre aquele. Quando encontramos algum objeto ou evento sublime, estamos conscientes de um poder que está além de nossos sentidos e mostra seus limites. É aqui, acima de tudo, que a questão da estética converge com a ideia do trágico. É Kant, cuja *Crítica da faculdade de julgar* desloca a estética para o centro filosófico, que é o grande teórico do sublime; no entanto, embora ele não ofereça nenhum comentário explícito sobre a tragédia, Schiller, Schelling, Hölderlin, Nietzsche e outros talentos menores não demoram a fazer a conexão. Aos olhos de Kant, o sublime representa, entre outras coisas, a vitória do eu racional, ou supersensível, sobre o natural, ou o empírico. Quando confrontamos a possibilidade de aniquilação em cenários tão típicos como tempestades no mar ou alturas vertiginosas de montanhas, encontramos dentro de nós um poder que se eleva imperturbavelmente acima de tais ataques à nossa existência física, e que sabemos ser o eu livre, numênico ou transcendente. Dessa forma, o sujeito está dividido entre a experiência cotidiana e um eu que não é apenas infinitamente mais alto ou mais profundo, mas que, para alguns dos discípulos mais heréticos de Kant, pode realmente ser um objeto de experiência. Para alguns de seus acólitos, o que é colocado epistemologicamente fora dos limites pelo *maître* segue sem luz.

Assim como na tragédia, a sensação do sublime é de agradável horror. Na mistura do assustador e do estimulante, ambas as formas são colocadas em foco pela Revolução Francesa, mais precisamente, na resposta ambivalente da classe média que ela evoca. Para alguns pensadores, os terrores do evento, mais ou menos como um naufrágio espetacular, podem provar-se gratificantes somente quando vistos de uma distância prudente. À medida que a ideia de sublimidade ganha vida nova, uma outra visão do trágico surge, e ambas emergem de um período de tumulto político. Assim como a Revolução, o trágico e o sublime são ao mesmo tempo destruidores e edificantes, castigadores e purificadores, amplificadores e diminutivos. No ato de sermos brutalmente reduzidos, lembrados à força de nossa fragilidade e mortalidade, também desfrutamos de uma sensação de exaltação, convencidos de que o espírito humano é eterno e imune a danos. Ambos os modos nos lembram de nossa finitude, dando as costas ao sonho burguês de progresso sem fim. No entanto, o fato de ainda estarmos vivos, por mais temerosos e sobrecarregados que estejamos, nos lembra de que nosso verdadeiro lar é o infinito.

Em termos menos grandiosos, somos capazes de satisfazer as gratificações da pulsão de morte em forma ficcional, certos de que não podemos realmente ser destruídos e livres para exercer alguma vingança virtual sobre as forças que nos perseguiriam até a morte. A verdadeira felicidade, observa Ludwig Wittgenstein, consiste em ser capaz de dizer "Estou seguro, nada pode me ferir, *o que quer* que aconteça".[16] É somente pegando em armas contra um mar de problemas que o trágico ou o sublime podem nos ensinar quão isolados estamos de tais aflições, e somente por uma luta contra o mundo natural, por mais infrutífera que possa se mostrar, para que o espírito floresça. Em ambos os casos, é por meio do sofrimento e da resistência heroica que passamos a sentir a presença de certos poderes implacáveis que se recusam a ceder, embora saibamos que somos espiritualmente iguais ou até superiores a eles. Nesse sentido, como na estrutura formal da obra de arte, a restrição ou a necessidade é o terreno da liberdade, não seu oposto.

O que é peculiar à arte trágica não é uma fusão de liberdade e necessidade, o que, nessa teoria, é verdade para a arte em geral. Sua distinção reside, antes, na maneira como tematiza essa unidade como parte de seu assunto. Nesse sentido, a tragédia é uma instância da arte refletindo sobre si. No ensaio "On the Sublime" ["Sobre o sublime"], Friedrich Schiller localiza o conflito entre o espírito e os sentidos, ou a moral e o físico no indivíduo, que não é difícil de identificar como o herói trágico.[17] As reivindicações teóricas de seu mentor Kant são, portanto, convertidas em uma condição existencial que se presta à *performance* teatral de forma que a *Crítica da razão pura* não faz. Lutando contra probabilidades esmagadoras, o protagonista trágico se torna consciente de seu poder de resistir à adversidade. Ele é,

16 Wittgenstein, Lecture on Ethics. *Philosophical Review*, p.8.

17 Ver Schiller, *Naive and Sentimental Poetry, and On the Sublime*. Para um valioso relato da tradição do pensamento trágico alemão do século XIX, ver Lambropoulos, *The Tragic Idea*. Ver também Young, *The Philosophy of Tragedy from Plato to Žižek*. Há também um esclarecedor relato do tema em Leonard, *Tragic Modernities*, cap.2.

assim, tornado sensível à sua liberdade, ou seja, à autonomia do eu racional do mundo material, absolvido dos limites da Natureza e da necessidade. O mais alto grau de consciência moral, observa Schiller no ensaio "On the Tragic Art ["Sobre a arte trágica"], pode existir apenas na luta, e o prazer moral mais profundo é sempre misturado à dor. Tanto a tragédia quanto o sublime são formas masoquistas, pois nos deleitamos em ser despojados até o nada. Somente contra esse contexto, nossa verdadeira grandeza espiritual pode aparecer. Não ser nada em particular é estar em harmonia com o infinito, já que ambos os estados são indefiníveis. Tanto a nulidade quanto o infinito escapam pela rede da linguagem. Ao confundir nossa compreensão, no entanto, eles nos trazem um conhecimento negativo da faculdade superior da razão, uma que é soberana sobre a Natureza. Desse ponto de vista sublime, podemos sofrer com todos aqueles que estão arruinados e desolados, mesmo que nos saibamos a salvo das calamidades que contemplamos de nosso assento entre os olímpicos. O trágico sublime envolve tanto sofrimento quanto transcendência do sofrimento.

Há outra afinidade entre os dois modos. Ambos proclamam que um mundo que parece estar em desordem moral e física é, na verdade, um reino de ordem e inteligibilidade. Para Hegel e Hölderlin, a tragédia nos permite encontrar significado e necessidade racional em eventos que parecem desafiá-los. Essa é uma das várias maneiras pelas quais é fonte de consolo. O funcionamento do cosmos não deve ser tornado totalmente transparente, pois isso seria dissipar seu mistério e vender o passe para um racionalismo árido. No entanto, mesmo assim, ele deve nos dar certas indicações de ordem e providência se não quisermos ceder na direção oposta aos anarquistas, ateus, sensualistas e empiristas. Além disso, aqueles para quem o mundo carece de significado intrínseco podem facilmente cair na desafeição política. Não há mal algum em um filósofo estranho especular sobre a futilidade da existência humana, mas é imprudente que as massas o façam. A fé de que o universo faz sentido deve, portanto, estar ligada à insistência na impenetrabilidade do Ser pela razão, assim como os gregos antigos se esforçam para encontrar justiça e lógica no comportamento quixotesco dos deuses, preservando um senso obediente da alteridade deles. O racionalismo iluminista, com o banimento da reverência e a aversão ao mistério, a cautela com o desconhecido e o incalculável, deve enfrentar o desafio dos modos artísticos que lidam precisamente com tais sentimentos. Não é sensato dispensar a reverência e a humildade em tempos de agitação revolucionária.

A tragédia, então, atinge um equilíbrio entre significado e mistério. Ela também deve encontrar um equilíbrio entre exuberância e contenção. Alegria trágica e exaltação sublime capturam algo do humor otimista de uma classe social que agora está ativamente fazendo a própria história; no entanto, essa classe tem bons motivos para ser cautelosa com um transbordamento demasiado imprudente de alto astral, que causou estragos políticos em seu tempo. A filosofia, sobretudo a teoria da tragédia, deve, portanto, temperar esse entusiasmo com uma insistência nos limites da compreensão humana e na natureza inviolável da lei moral.

A ideia do trágico nasce de uma crise filosófica, bem como política. Kant decreta sobre o que a filosofia pode e não pode falar, patrulhando as fronteiras do conhecimento e excluindo o metafísico de seu escopo. Não pode haver mais conversa filosófica sobre o Todo-Poderoso, a alma, o Absoluto ou a essência das coisas. No entanto, uma época cambaleando pelas ondas de choque da convulsão política ainda sente necessidade de tais fundamentos incontestáveis, mesmo que, como na obra de Hegel, sejam lançados em forma historicizada. A filosofia, portanto, retém a supremacia sobre atividades inferiores como a arte; não apenas inferior de fato, mas, aos olhos de Hegel, distintamente *dépassé*, uma vez que, em uma civilização moderna fragmentária e insondavelmente complexa, a obra de arte não é mais igual à tarefa de retratar a totalidade social. É essa função, Hegel supõe, que ela desempenhou para os gregos antigos. Além disso, o crescimento da liberdade subjetiva na era moderna não é fácil de conter dentro de formas estéticas clássicas. Cada vez mais desprovida de seus papéis sociais, políticos e religiosos tradicionais, a arte agora busca na filosofia suas credenciais, o que é uma das razões para a ascensão da estética.[18] É conveniente, então, que a própria filosofia de Hegel, sendo de um tipo dialético, já deva algo ao espírito da tragédia.

A ideia do trágico emerge dentro de uma virada mais geral da filosofia para a arte, inspirada, entre outras coisas, pela repreensão de Kant às ambições imoderadas da filosofia, bem como por sua *Crítica da faculdade de julgar*; de modo que, em uma linhagem que vai de Schelling, Hölderlin e Schopenhauer a Nietzsche, Heidegger e o jovem Georg Lukács, o poeta vem para retirar o lugar de destaque do filósofo. A estética, rejeitada em grande parte por Platão e ignorada por muito do pensamento pré-kantiano, agora se oferece para destituir o discurso que a deslocou. "O trágico", escreve Simon Critchley, "é a conclusão da filosofia depois de Kant."[19] Se a filosofia está perplexa com o problema da liberdade e da necessidade, o trágico ou o estético podem vir em seu auxílio. E se o Absoluto não é mais acessível ao pensamento, ele pode sempre ser o assunto da intuição estética, como é para Friedrich Schelling e Arthur Schopenhauer.

O que está em jogo aqui é uma inversão curiosa. A filosofia, Nietzsche anuncia, nasceu da morte da tragédia nas mãos de racionalistas estéreis como Sócrates e Eurípides, anunciando o advento daquela criatura enfraquecida, o Homem Teórico. Na obra nietzschiana, a concepção trágica da vida está disposta a se vingar dessa herança letal. Allan Megill aponta que *O nascimento da tragédia* é uma versão invertida da *Estética* de Hegel, elevando a arte acima da

18 Ver Roberts, *Art and Enlightenment*, p.9-10.

19 Critchley, The Tragedy of Misrecognition. In: Billings; Leonard (Ed.), *Tragedy and the Idea of Modernity*, p.253.

filosofia.[20] Tendo supostamente dado à tragédia o golpe mortal, a filosofia retorna à cena do crime alguns séculos depois, assim como à estética em geral. Não apenas está agora pronta para aprender com o espírito trágico, mas, à época de Nietzsche, Heidegger, o primeiro Lukács, Jacques Derrida e outros, a arte está recebendo supremacia sobre a filosofia. Ou, se não isso, então certo estilo de filosofar está se tornando difícil de ser distinguido da poesia. Esses, podemos lembrar, são os discursos entre os quais Aristóteles não viu qualquer discrepância.

A estética, então, está gradualmente se aproximando do centro da especulação filosófica. A filosofia da tragédia está em vias de se tornar uma filosofia trágica, um processo que será consumado na obra de Nietzsche. Isso também serve como forma de restaurar o tipo de investigação metafísica que Kant colocou sob censura, uma investigação que, em *O nascimento da tragédia*, é conduzida em termos de mito e poesia. Uma vez que a visão trágica de Nietzsche coloca o próprio conceito de filosofia em questão, parece que a morte da tragédia nas mãos da filosofia finalmente resultará na morte da filosofia nas mãos da tragédia. Estamos de volta à batalha platônica entre arte e filosofia, mas com os valores das duas agora invertidos. No entanto, a vitória da arte permanece precária. Para Theodor Adorno, depois de Auschwitz, o poeta fica tão mudo quanto seu colega filósofo.

Se a luta entre liberdade e necessidade não pode ser resolvida racionalmente, ela sempre pode ser resolvida existencialmente. Essa é uma razão pela qual a filosofia se volta para a arte e o teatro, mesmo que haja algo estranho em apelar para uma atividade menor, como a tragédia teatral, para abordar os problemas comuns à humanidade como um todo. Friedrich Schiller argumenta em seus escritos estéticos que a tragédia encena a revolta da liberdade contra o destino apenas para demonstrar a unidade essencial dos dois, e descreve o

20 Ver Megill, *Prophets of Extremity*, p.58.

próprio drama como tragédias de reconciliação.[21] O criminoso Karl Moor, em *The Robbers* [*Os ladrões*], se entrega voluntariamente à lei no final da peça e, dessa maneira, presta homenagem à autoridade que ele havia desafiado. O Marquês de Posa, em *Don Carlos*, tem uma morte similarmente abnegada, certo de que sua visão de liberdade política será justificada no futuro. Em *Maria Stuart*, Maria encontra seu fim magnificamente, superando em dignidade régia a Elizabeth que a despacha para a morte. Ela também abraça livremente sua execução como uma expiação por seus crimes. Se é difícil reconhecer a liberdade de alguém sem risco de perturbação política, ela pode pelo menos sobreviver como uma fortaleza interior. Há, no entanto, uma forma mais duvidosa de liberdade interna, como o Wallenstein de Schiller demonstra. Preservando sua liberdade de escolha ao se recusar a agir até que seja tarde demais, ele termina entregando sua preciosa independência de espírito àqueles ao seu redor. É como se o sujeito numênico de Kant, temeroso de que agir seja ceder à necessidade, prejudicasse a própria liberdade falhando em exercê-la.

Para Friedrich Schelling, somente a razão é incapaz de alcançar uma unidade de liberdade e necessidade. A tarefa de resolvê-las, então, deve ser delegada à intuição estética, que pode alcançar um acesso imediato ao Absoluto.[22] Argumento semelhante pode ser encontrado em *Lectures on Philosophical Aesthetics* [*Conferências sobre estética filosófica*], de A. W. Schlegel. Se o drama é a forma mais satisfatória que essa resolução pode assumir, é porque, como já observamos, a concordância entre liberdade e necessidade, ou razão prática e teórica, pode ser mais bem demonstrada existencialmente; e é na tragédia, acima de tudo, que essa unidade é revelada. Ao abraçar

---

21 Uma tradução útil [em inglês] de alguns ensaios de Schiller sobre estética pode ser encontrada em Hinderer; Dahlstrom (Ed.), *Friedrich Schiller*.

22 Para o pensamento estético de Schelling, ver a "Décima Carta" de suas *Letters on Dogmatism and Criticism* em Schmidt, *On Germans and Other Greeks*; e Schelling, *Philosophy of Art*. Estudos sugestivos do pensamento de Schelling são: Distaso, *The Paradox of Existence*; e Shaw, *Freedom and Nature in Schelling's Philosophy of Art*.

livremente seu destino, curvando-se ao jugo do destino, o protagonista trágico reconhece sua derrota pelas forças contra as quais se revolta. No entanto, o espírito que lhe permite fazer isso transcende seu fracasso, testemunhando a natureza imortal da liberdade. Se a tragédia respeita o ato de revolta, também presta homenagem aos poderes que a provocam. Nesse sentido, pode-se afirmar, ela representa uma proteção astuta às suas apostas políticas.

Na visão de Schelling, a aceitação de Édipo da responsabilidade por seus atos ilícitos, apesar de ele ser realmente inocente, é ao mesmo tempo uma inclinação à necessidade e uma vitória sublime sobre ela. Lutar em vão contra uma autoridade injusta é provar que é um adversário digno para as forças que buscam derrubá-lo. Na frase nietzschiana, é questão de derrota vitoriosa. Concordar com a própria morte exige, pelo menos, uma vontade tão firme quanto a dos poderes que buscam destruí-la. Ao aceitar a queda, o herói revela uma ilimitação em si mesmo que está em harmonia com as forças contra as quais ele luta. Elas também, apesar de toda a necessidade austera, têm sua fonte na liberdade e na razão, e estão na fonte da força do herói. Somente um poder que brota para além da existência *criatural* do protagonista poderia permitir que ele renunciasse a essa existência. O herói, portanto, testemunha sua liberdade no próprio ato de renunciar a ela, apertando o cinto da necessidade e reconhecendo as ações como suas próprias. Ao se estender voluntariamente no altar da morte, ele se torna único com o Absoluto, testemunhando o que finalmente transcende todo choro e lamentação. A resignação trágica se eleva acima dos próprios poderes aos quais parece capitular. O Absoluto não pode se manifestar diretamente, mas pode ser vislumbrado na negação do finito que, no caso da tragédia, significa a morte do protagonista.

A lição, então, é que você não pode escapar da porção que os deuses lhe atribuíram, mas pode ativamente apropriar-se dela, fazer do seu destino a sua decisão e, dessa maneira, demonstrar que o destino que lhe foi atribuído não é a palavra final. É assim que Antônio de Shakespeare, em *Antônio e Cleópatra*, declara que ele será "Um noivo na minha morte, e correrei para ela/ Como para a cama de um amante" (ato 4, cena 14). O Claudio, de *Medida por medida*, antecipa o sentimento quase palavra por palavra: "Se eu tiver que morrer,/ Encontrarei a escuridão como uma noiva,/ E a tomarei em meus braços" (ato 3, cena 1). Em tais instâncias de *amor fati*, Eros e Tânatos, o amor erótico e os prazeres obscenos da pulsão de morte, são difíceis de serem distinguidos. Há um prazer agridoce, quase existencialista, a ser colhido ao saber que se está enfrentando uma força invencível, mas, mesmo assim, travar guerra contra ela. Tal *acte gratuit*, com seu jeito indiferente com consequências, provoca a morte a fazer o seu pior, confiando assim, como o mártir, que somente abraçando sua nulidade com a ternura de um noivo alguém pode encontrar seu lar no infinito. É a morte que fornece a passagem entre os dois. Há um desafio imprudente e despreocupado sobre o ato de apropriar-se do próprio fim, mesmo que se saiba que a vida está alojada profundamente no âmago do Absoluto e, portanto, não pode ser perdida.

A liberdade mais elevada é, portanto, abdicar da liberdade de alguém, de modo que a tragédia representa perda e ganho juntos. Tanto a liberdade quanto a necessidade, escreve Schelling em *Filosofia da arte*, "são manifestadas [pela forma trágica] em perfeita indiferença como simultaneamente vitoriosas e vencidas".[23] A liberdade pode ser alcançada apenas por meio de sua negação, e a autorrealização apenas pela autoentrega. Nesse sentido, a tragédia é um caso excepcional de condição familiar, que, de fato, está na própria fundação da pólis. Somente ao ceder a liberdade à comunidade como um todo, como argumenta Rousseau de *O contrato social*, os indivíduos podem receber a si mesmos de volta em uma troca enriquecedora. Perder a vida para salvá-la é uma questão de manter a ordem política, não simplesmente um aspecto da arte trágica.

---

23 Schelling, *Philosophy of Art*, p.251.

Nós vimos que o contexto em que o conceito moderno de tragédia emerge é a insurreição na França. Dessa perspectiva, é uma ideia progressista e contrarrevolucionária. Se ela valoriza a liberdade, também recomenda a submissão à autoridade. A liberdade deve ser realizada, mas é por meio da perda, da restrição, da lealdade e do despojamento que ela prospera. Schelling contrasta o que ele chama de "razão grega" – aquela que respeita certa lei, harmonia e necessidade – com a razão arrogante de sua própria época politicamente turbulenta. Se ele é repelido pela perspectiva de a liberdade ser conquistada pela necessidade, também encontra pouca alegria na visão anárquica da necessidade sendo eclipsada pela liberdade.[24] Existem, então, três sentidos da palavra "trágico" em jogo quando se trata do terremoto político que são pano de fundo de grande parte do pensamento idealista alemão. Há o sentido cotidiano de "terrível", "assustador", como quando as carroças seguem para a guilhotina; há a tragédia como metáfora de revolução, dado que em nenhum dos casos pode haver um nascimento glorioso sem ruptura violenta; e há o sentido filosófico do termo, para o qual a liberdade assume a forma mais elevada em uma deferência voluntária à autoridade. Liberdade e necessidade são mostradas como idênticas, como são na própria forma da obra de arte.

Há outros sentidos também, nos quais a oposição entre liberdade e necessidade é superada. Se a liberdade envolve agir de acordo com os desejos que brotam do âmago do eu, então, uma vez que a individualidade não é inteiramente questão de escolha, algumas dessas paixões terão um toque inelutável sobre elas. Há um sentido em que não escolhemos nossos compromissos mais profundos, que podem então vir a nos confrontar com toda a obstinação do destino. Antígona não consegue impedir-se de tentar enterrar seu irmão, ou Eddie Carbone de salvar seu bom nome. Não é que eles deixem de ser agentes livres; eles chegam a um ponto em que o contraste entre liberdade

24 Ibid., p.249.

e necessidade se rompe, como Nietzsche argumenta sobre a atividade do artista. Não faltam tragédias que se voltem para uma vontade de liberdade ou uma realização tão intratável quanto o destino. Se a liberdade pode ter a força coercitiva da necessidade, o oposto pode ser igualmente verdadeiro. O que parece destino pode ser simplesmente liberdade em um disfarce desconhecido. Se a liberdade governa o mundo na forma do Espírito, deve ser a verdade interior da lei ante a qual o herói trágico se ajoelha. Assim, o que parece choque entre destino e liberdade é, na verdade, colisão entre as duas versões diferentes de liberdade, e a aparente discórdia entre elas acaba sendo infundada. Os antagonismos são resolvidos, mas apenas sobre o cadáver do herói. Há um eco desse argumento tão recente quanto a escrita de Albert Camus, que no ensaio "On the Future of Tragedy" [Sobre o futuro da tragédia] vê a arte trágica como encenação de um choque entre um ato justificado de revolta e uma estrutura indispensável de ordem.[25] A arrogância para Camus é o grande vício da humanidade; no entanto, somente no ato de desafio confrontamos os limites de nossos poderes, expondo as fronteiras que não devemos violar. A rebelião está secretamente a serviço da autoridade.

Ao morrer, o herói mostra que os poderes que o fazem perecer estão secretamente do seu lado. Por trás desse modelo de tragédia está uma teologia da crucificação, que Schelling e outros projetam na antiga tragédia grega. (Vale lembrar que ele, Hegel e Hölderlin começaram como seminaristas, na verdade como colegas de quarto.) A lei do Pai pode parecer brutal e bárbara ao despachar Jesus para a morte, mas, porque a lei do Pai é a lei da caridade, não há oposição real entre lei e amor, ou soberania e liberdade. Chamar Jesus de Filho de Deus é afirmar que é o amor do Pai que está no cerne de sua identidade, o que significa que sua fidelidade amorosa ao comando de Deus é, em si, manifestação da graça do Pai. É o Pai que permite que Jesus aceite o fracasso, a tortura e a morte. Isso também é verdade no Calvário do

25 O ensaio pode ser encontrado em Camus, *Lyrical and Critical Essays*.

contraste entre liberdade e necessidade. É inevitável que Jesus morra na cruz; não no sentido de que seu fim esteja predestinado, mas porque o assassinato jurídico é o destino lógico daqueles que falam de justiça e companheirismo em um mundo corrupto. No entanto, a morte de Jesus, que assume forma reservada pelo antigo Império Romano para rebeldes políticos, também é retratada pelo Evangelho como uma na qual ele livremente aquiesce (embora longe de ser com alegria). Como muitos protagonistas trágicos, ele faz de seu destino a sua escolha. Fica claro, em sua agonia no Getsêmani, que ele não quer morrer, mas não faria sentido político ou teológico se não morresse.

É Friedrich Hölderlin quem produz a teoria mais elaborada do trágico nos anais do idealismo alemão, bem como a mais esotérica.[26] O todo, argumenta Hölderlin, pode ser intuído apenas negativamente por meio do conflito mútuo de suas várias partes, o que quer dizer, em termos humanos, por meio da realidade do sofrimento individual. Conflito e oposição aumentam o senso de totalidade de alguém em vez de obscurecê-lo; tanto que a integridade primordial do todo é sentida mais intensamente quando seus vários aspectos estão mais isolados e individualizados, pois é isso que lhes empresta sua intensidade peculiar. A totalidade se torna sensível a si mesma somente quando suas partes buscam seus fins mutuamente incompatíveis, e somente por meio dessa individuação ela pode desdobrar seus poderes. É ao preço do sofrimento e da divisão que o Espírito pode ser triunfantemente uno consigo mesmo. "A reconciliação está no meio da luta", comenta Hölderlin, "e tudo o que está separado se reencontra."[27]

A tragédia, então, ocorre em um ponto de dissonância máxima, como a intuição de uma unidade perdida da qual uma nova resolução

26 Alguns dos escritos de Hölderlin sobre temas estéticos podem ser encontrados em Pfau (Ed.), *Friedrich Hölderlin*. Ver também seu antigo romance Hölderlin, *Hyperion, or the Hermit in Greece*.

27 Apud Schmidt, *On Germans and Other Greeks*, p.133.

eventualmente surgirá. Os antagonismos devem ser levados ao extremo se quiserem ser superados. O ensaio de Hölderlin "A morte de Empédocles" vê a disputa entre individual e universal com foco na figura do protagonista trágico que, como Empédocles, é dilacerado na luta. No entanto, morte e dissolução são um prelúdio essencial para o renascimento. Sem a perda absoluta, não há resolução "superior". A totalidade sublime não pode aparecer dessa maneira, mas precisa de um sinal terreno para fazê-lo; esse sinal não é nada menos que o próprio herói malfadado, que, quando é brutalmente cortado em pedaços, morto e reduzido a nada, pode permitir que o brilho do todo brilhe sem obstrução.[28] É assim que o nada pode se tornar um significante de tudo, pois o finito dá testemunho do infinito no ato de se apagar. Somente oferecendo o próprio corpo à morte é que se pode ser um meio puro do Absoluto.

O esteta alemão Friedrich Vischer argumenta muito sobre o mesmo caso em sua *Estética*. O sujeito trágico deve sua grandeza ao Absoluto, por mais fraco que ele possa ser em contraste com sua glória. No entanto, é precisamente nessa depreciação do humano que a sublimidade do divino brilha ainda mais, transfigurando homens e mulheres que são seus recipientes defeituosos.[29] Em linha semelhante, Karl Solger afirma, em seu tratado sobre a estética, que o Absoluto ou a Ideia não pode encenar uma aparência em si mesmo, mas é forçado a assumir alguma forma natural ou material; no entanto, ao se submeter às restrições da Natureza dessa maneira, esse também é o momento de sua negação.[30] A Ideia pode, portanto, ser apreendida apenas em termos negativos, principalmente na destruição de uma figura (o herói trágico) que está fadada a ficar aquém dela. Para Solger, entretanto, há algum consolo a ser colhido dessa brecha entre real e ideal. O que a morte revela

28 Ver o ensaio de Hölderlin, The Significance of Tragedy. In: Pfau (Ed.), *Hölderlin*.
29 Ver Vischer, *Aesthetik, oder, Wissenschaften des Schonen*, p.277-333.
30 Ver Solger, *Vorlesungen uber Aesthetik*, p.296-297.

é que nossa existência mundana não é um meio adequado para a vida eterna à qual estamos destinados. Se a mensagem da tragédia é dolorosa, também é esperançosa.

"A tragédia, na qual a existência aparece em sua forma mais frágil", escreve Hölderlin, "é simultaneamente a forma na qual a existência aparece em sua plenitude."[31] Deus é um *deus absconditus* que, como no Calvário, pode se manifestar apenas na fraqueza humana, apropriando-se para esse propósito de um sinal (Jesus) que Ele esvazia de significado ao reduzi-lo a nada. Cabe lembrar da observação de São Paulo de que carregamos nossos tesouros divinos em vasos de barro para testemunhar ainda mais eloquentemente a fonte divina de seu esplendor.[32] Quanto mais impotentes somos, mais nossas vitórias morais devem ser atribuídas à obra do Todo-Poderoso, que é assim glorificado em nossa própria enfermidade. O Empédocles de Hölderlin, no entanto, se recusa a se submeter à *via negativa* da finitude, da perda do eu e da unilateralidade, sem as quais não há acesso verdadeiro ao Absoluto. Relutante em se curvar ao tempo e ao limite material, ele anseia, em vez disso, por uma unidade imediata com o todo, um fim que ele só pode alcançar transcendendo sua particularidade no ato de autossacrifício. Em seu desejo de ser um com a Natureza, ele busca a reconciliação prematura com o mundo atirando-se dentro do Monte Etna.

Para Hölderlin, a relação da humanidade com a Natureza pode ser justamente descrita como trágica. A Natureza em si é muda e precisa da palavra criativa para se comunicar, o que quer dizer que ela não pode aparecer em sua plenitude sem o escrivão da arte. No entanto, qualquer meio inserido entre a Natureza e a humanidade também está fadado a divorciar as duas, expulsando a consciência humana da esfera com a qual ela busca se identificar. A palavra poética, portanto, une e divide de uma só vez, como um local de criação

---

31 Apud Billings, *Genealogy of the Tragic*, p.189.

32 Ver Paulo, Segunda Carta aos Coríntios, 4:7.

e destruição. O poeta só poderia realmente cumprir sua tarefa de emprestar uma língua à Natureza rendendo sua subjetividade e se fundindo com seu entorno, caso em que ele ficaria tão mudo quanto as montanhas e os oceanos aos quais ele busca dar voz.

Apesar dessa ironia, o instinto permanente de Hölderlin é a conciliação. Em uma era de cisma e revolta, precisamos recapturar o espírito dionisíaco que dissolve as hostilidades em uma só; resolução que Hölderlin acreditou por um tempo ter encontrado sua apoteose política na igualdade e fraternidade da Revolução Francesa. Para ele, como mais tarde para Nietzsche, o dionisíaco significa senso de unidade primordial com tudo o que vive; e embora esse Absoluto continuamente tenha a forma de calamidade individual, ele transcende os infortúnios aos quais dá origem. Essa teoria da tragédia, como a da maioria do idealismo alemão, é realmente uma espécie de teodiceia. Sofrimento, despojamento e individualismo implacável são prelúdios essenciais para a vitória moral. A mão orientadora do *Geist* pode ser vislumbrada na aparente anarquia do mercado espiritual. Nós estamos muito longe do mundo de Eurípides, John Webster ou Eugene O'Neill. De fato, é significativo que a teoria trágica alemã desse período dê relativamente pouca atenção ao teatro de Eurípides, ou, nesse caso, ao drama sangrento de Sêneca, já que nenhum dos autores oferece muito ao público em termos de edificação.[33]

"Independentemente do mero medo e da simpatia trágica", escreve Hegel, "temos [...] o sentimento de reconciliação."[34] Não é de se admirar que ele tenha ficado magoado com o final do *Wallenstein* de Schiller, que parece desprezar tanto a justiça divina quanto a poética. "Horrível!" ele exclama. "A morte triunfa sobre a vida! Isso não é

33 Mesmo a obra de Sêneca, entretanto, tem sido colocada como terapêutica, convencendo o público a confrontar seus demônios e a purgar suas paixões. Ver Staley, *Seneca and the Idea of Tragedy*.

34 Paolucci; Paolucci (Ed.), *Hegel on Tragedy*, p.51.

trágico, mas terrível!"[35] Sua doutrina da tragédia, por outro lado, sustenta que a discórdia e a divisão serão finalmente subsumidas na unidade do que ele chama de substância ética. Na arte trágica, como na história em geral, o Absoluto separa de si próprio, entra em oposição consigo e desce, como Cristo, ao reino infernal da perda, da futilidade e da aflição, mas o faz apenas como condição essencial para ascender a um *status* mais elevado. O drama é um meio particularmente adequado para essa dialética, uma vez que, enquanto o épico trata em grande medida de eventos objetivos e o lírico de estados subjetivos da mente, o teatro está bem posicionado para demonstrar o choque – bem como a concordância – entre consciência e realidade histórica. Na visão de Hegel, os gregos antigos foram capazes de alcançar tal acordo em um estágio inicial na evolução do Espírito do Mundo, que agora está a caminho de reinventá-lo em uma escala muito mais ambiciosa.

O ritmo da tragédia está, portanto, em harmonia com a estrutura interna da filosofia que, na visão de Hegel, é a dialética. "A filosofia", observa Miguel de Beistegui, "é o local da articulação do trágico."[36] Como Peter Szondi destaca, a *Fenomenologia do espírito*, de Hegel, coloca o trágico no cerne de seu pensamento;[37] embora também se possa afirmar que a filosofia, como reflexão sobre o que a tragédia representa em sua maneira mais existencial, tem certa vantagem sobre a forma de arte ao elevá-la à autoconsciência. De maneira semelhante, o Espírito do Mundo requer o próprio pensamento de Hegel para atingir sua consumação. A evolução do *Geist* assume forma trágica, o que não sugere que ele encontre um fim difícil. A dialética é questão de antítese e de unidade, perda e superação da perda. "A grandeza do Espírito na história", observa Hegel, "se revela

---

35 Apud Billlings, *Genealogy of the Tragic*, p.150. Para um relato útil de Hegel sobre a tragédia, ver Houlgate, Hegel's Theory of Tragedy. In: ______ (Ed.). *Hegel and the Arts*. Rowan Williams distingue um caso fundamental da visão conciliatória da estética trágica de Hegel em *The Tragic Imagination*, cap.3.

36 Beistegui; Sparks (Ed.), *Philosophy and Tragedy*, p.33.

37 Ver Szondi, *An Essay on the Tragic*, p.20. Ver também Hegel, *Aesthetics*, 2v.

principalmente na separação e na morte, no sacrifício e na luta."[38] "Contradição, negação, sacrifício e morte", observa Dennis Schmidt, "saturam a vida do espírito tão completamente e são tão naturais a ele que definem a própria verdade do espírito."[39] É por meio de um processo de aberração e desconhecimento que o Espírito do Mundo prossegue em sua viagem em direção ao *telos*.[40] Na arte da tragédia, essa história de erros e becos sem saída finalmente nos renderá uma visão de justiça eterna. Ela também criará em nós um sentimento mais edificante do que o choque, o horror ou a simpatia, ou seja, a serenidade que flui de uma sensação de que o equilíbrio do universo moral foi refeito. Aos olhos de Hegel, isso é tão crucial para a tragédia quanto a contenda e a contradição. Assim como com o sublime, nos é oferecida uma fantasia de imortalidade. Vidas individuais podem ser despedaçadas, mas, felizmente, o próprio Ser permanece invulnerável ao dano. Veremos uma vitória enlevada semelhante sobre Tânatos na escrita de Friedrich Nietzsche. A tragédia e a sublimidade são ambas formas de Janus, permitindo-nos ao mesmo tempo satisfazer e transcender a pulsão de morte.

Para Hegel, assim como para Hölderlin e Nietzsche, o infinito aparece apenas em forma negativa, como um contraste com a natureza finita e unilateral das vidas individuais. A *Aestheics* [*Estética*] de Friedrich Vischer leva essa crença a um estágio adiante: simplesmente existir como indivíduo é destruir a unidade do todo e, portanto, incorrer em culpa inominável.[41] Friedrich Hebbel avança de forma semelhante: a individuação é obra do próprio Absoluto, mas existir como indivíduo é violar a autoidentidade do todo.[42] Na visão de Hegel, os personagens da tragédia grega antiga representam

38 Apud Szondi, *An Essay on the Tragic*, p.27.

39 Schmidt, *On Germans and Other Greeks*, p.90.

40 Ver Roberts, John, *The Necessity of Errors*, p.203-204.

41 Ver Vischer, *Aesthetik*, p.277-333.

42 Ver Hebbel, *Mein Wort Uber das Drama*, p.34-35. Ainda cabe escrever um ensaio sobre por que tantos pensadores idealistas alemães se chamam Friedrich.

poderes éticos substantivos, movendo-se em um mundo indiferente ao acidente ou à idiossincrasia pessoal. À medida que essas figuras colidem, elas criam uma fissura momentânea no verdadeiro protagonista do drama, que é o Espírito ou a própria substância ética. No caso de Creonte e Antígona, ambas as partes são justificadas em suas exigências, mas cada uma pode estabelecer sua legitimidade apenas anulando a reivindicação da outra e, portanto, é culpada, inválida e injusta. O que está errado não é a natureza de um interesse específico, mas o fato de que ele invade os interesses dos outros. A peça em si não precisa equilibrar essas forças conflitantes, como *Antígona* visivelmente não faz; mas o que reconhecemos na ruína dos personagens que os representam é o Absoluto recentemente afirmado, pois a verdade nasce do conhecimento parcial. Agora podemos atingir certa equanimidade de alma, cientes de que a luta e a adversidade são essenciais para a jornada ascendente do *Geist*. Uma racionalidade secreta guia uma história que pode parecer vazia de qualquer propósito.

"Na tragédia", comenta Hegel, "aquilo que é eternamente substantivo é triunfantemente vindicado sob o modo de reconciliação."[43] É justo e racional que Creonte e Antígona sejam ambos humilhados, pois isso reparará a ruptura que o Espírito sofreu. Por alguns momentos fraturada por um choque de forças, a justiça eterna é restabelecida na queda dos poderes individuais que perturbam seu repouso. É difícil ver isso como um relato persuasivo da *Medeia*, de Sêneca, ou *The Revenger's Tragedy* [*A tragédia do vingador*], de Middleton, sem falar de *Mãe coragem*, de Brecht, ou *Sargeant Musgrave's Dance* [*A dança do sargento Musgrave*], de John Arden. Como a maioria dos filósofos da tragédia, Hegel arranca uma teoria geral de uma gama limitada de obras. Se a harmonia pode ser restaurada, é em parte porque – no julgamento hegeliano – não há dilemas irresolúveis

43 Apud Paolucci; Paolucci (Ed.), *Hegel on Tragedy*, p.51.

na tragédia, como claramente há na vida real.[44] O drama de Pierre Corneille pode ser tomado para confirmar essa teoria. Em *Cinna*, o personagem-título será um traidor se assassinar Augusto, mas perderá o amor de Emília se não o fizer. Mesmo assim, o perdão misericordioso do imperador leva a peça a uma conclusão feliz. Dom Rodrigo, de *O Cid*, é forçado a escolher entre vingar a morte de seu pai ou seu amor por Ximena, enquanto a própria Ximena está dividida entre seu amor por Dom Rodrigo e suas obrigações de filha para com seu pai, Dom Gomez, a quem Rodrigo matou. No final, os dois amantes se reconciliam. No entanto, não é difícil imaginar um final muito diferente nesses casos ou encontrar situações na arte (Thomas Hardy vem à mente) nas quais você, é provável, infligirá danos potencialmente mortais a outros, não importa como se mova. Arthur Schopenhauer escreve sobre personagens dramáticos "situados de tal maneira em relação uns aos outros que a posição deles os obriga, conscientemente e com os olhos abertos, a fazerem o maior dano um ao outro, sem que nenhum deles esteja totalmente errado".[45] Seus olhos, no entanto, podem não estar abertos, e o dano que eles infligem pode não ser intencional. Hegel, por outro lado, é vítima da falácia popular de que onde há um problema, também deve haver solução.

Aos olhos de Hegel, não há grande diferença entre tragédia e comédia quando se trata de reconciliação. A comédia tem como tônica o que a tragédia acaba tendo: um espírito alegre. Mesmo assim, ele não desvia o olhar do matadouro da história. Pelo contrário, sua visão da narrativa humana – um volume de monstruosidades morais que contém apenas uma página ocasional de felicidade e que, em grande parte, se limita à esfera privada – é decididamente sombria. É verdade que a tragédia pressiona a ruptura na unidade

---

44 Para uma investigação sobre a ideia de dilemas insolúveis, ver Hursthouse, *On Virtue Ethics*, cap.3.

45 Apud Raymond Williams, *Modern Tragedy*, p.38.

do Absoluto apenas até um ponto em que ainda seja possível a reparação, mas pode criar devastação considerável. O Espírito não corta um caminho suave através da negatividade, mas, de acordo com o prefácio da *Fenomenologia*, deve "permanecer" com ela, descendo ao inferno em vez de lutar pela ressurreição instantânea. Devemos nos agarrar à morte (de todas as coisas, a mais terrível), Hegel nos adverte, com toda a nossa força.

As chamadas figuras históricas mundiais, como César, Alexandre e Napoleão, trazem a devastação em seu rastro, pisoteando os inocentes. No entanto, isso também é obra do Espírito em sua marcha em direção à autorrealização. Em qualquer caso, não devemos ser muito compassivos com as vítimas da história. A tragédia é assunto muito nobre para ser distraído por sentimentos comuns. "Seu primo interiorano", zomba Hegel, "tem suficiente empatia com essa ordem."[46] Nisso, pelo menos, ele e Friedrich Nietzsche concordam. Como veremos a seguir, Nietzsche não tem o menor sentimento de solidariedade por aqueles que são massacrados no palco, nem Hegel que, como A. C. Bradley observa em suas *Lectures on Poetry* [*Conferências sobre poesia*], surpreendentemente tem pouco a dizer sobre o sofrimento humano. Nisso, pode-se acrescentar, ambos os pensadores estão em sintonia com Aristóteles. Para eles, os prazeres da reconciliação têm precedência sobre o desconforto da pena e do medo. Se sentimos compaixão, não é pelos personagens em si, mas pelas reivindicações éticas que eles representam. Há pouco espaço para o simples infortúnio nessa visão exaltada, e certamente nenhum para o puro acidente. A tragédia não pode ser questão de contingência. W. B. Yeats não conseguia ver nada minimamente trágico em um acidente de automóvel.

É o conflito entre individual e universal que preocupa particularmente Hegel. É isso que precisa ser resolvido em uma nova forma de comunidade humana, e a tragédia tem papel complementar a

46 Apud Paolucci; Paolucci (Ed.), *Hegel on Tragedy*, p.50.

desempenhar na sua construção. É no período do Idealismo e do Romantismo que a burguesia europeia tenta se tornar uma classe corporativa, genuinamente universal; no entanto, é difícil conciliar essa reivindicação com seu individualismo. Marx vê um conflito entre o cidadão excessivamente abstrato do Estado e o sujeito excessivamente individualizado da sociedade civil. A Modernidade para Hegel deve conciliar as formas absolutas e relativas de vida ética, ou seja, o domínio universal do Estado político e a esfera das necessidades e direitos individuais (da família, do feminino, do corpo, da sociedade civil e do particular concreto). A *Oresteia*, ele acredita, alcança exatamente essa reaproximação, pois os direitos domésticos de parentesco e aliança de sangue defendidos pelas Fúrias são finalmente incorporados ao Estado ateniense. A declaração mais completa do assunto, no entanto, é *Antígona*, na visão de Hegel a mais magnífica de todas as obras de arte, que ele vê encenando um choque histórico mundial entre a defesa da heroína dos direitos de sangue, corpo, família, feminilidade, singularidade e lei divina por um lado, e o estado masculino e universal de Creonte por outro. O Estado é uma formação espiritualmente mais avançada do que a esfera doméstica ou privada, e preservar sua autoridade tem precedência sobre as vidas individuais. Somente por meio da prontidão para morrer em sua defesa, um povo pode realmente manifestar sua liberdade. No entanto, o Estado não pode atropelar a sociedade civil e a esfera doméstica, e, nessa medida, Antígona está certa. Mesmo assim, sua posição é parcial e, portanto, não pode ser totalmente endossada mais do que a de Creonte. A verdade, sustenta Hegel, está no todo. No entanto, isso, ironicamente, também é um ponto de vista parcial, que é sempre possível negar. Marx, que sustenta que a verdade é unilateral, fará exatamente isso mais tarde.

Goethe, para quem a ideia de reconciliação é estranha à sensibilidade trágica, parece discordar da teoria da tragédia de Hegel *avant la lettre*. Tudo o que é trágico, observa, repousa sobre uma oposição intratável e desaparece assim que a resolução se torna possível.[47] Seu próprio drama é notoriamente resistente ao espírito trágico. Fausto, com sua alma milagrosamente purificada dos horrores que testemunhou, é finalmente transfigurado pela graça divina. Se ele é redimido, é porque, no idioma lacaniano, se recusa a ceder ao desejo, que é o do crescimento sem fim e movimento infinito; mas não é permitida à falta mortal associada ao desejo que esse projeto seja minado. A obra *Ifigênia em Táuride* é concluída com uma afirmação de bondade e acolhimento. No final de *Egmont*, de Goethe, a sombra da morte serve apenas para amplificar o entusiasmo do protagonista pela vida. Não pode haver perda ou derrota final para esse humanismo clássico sereno. Ele é muito maduro e pleno para que sua postura seja verdadeiramente abalada. Ainda assim, Goethe não está fundamentalmente em desacordo com Hegel e seus colegas. Ambas as partes admiram o tipo de drama que termina em uma nota conciliatória. A questão é simplesmente se você está preparado para chamá-lo de tragédia ou não.

A história certamente não revela um desígnio racional para o grande rival de Hegel, Arthur Schopenhauer, que a vê mais como uma farsa sórdida. Trata-se da obra da Vontade malévola, um impulso cego que a era moderna preferiria chamar de desejo, e como tal é povoado por "criaturas constantemente necessitadas que continuam por um tempo meramente devorando umas às outras, passam sua existência em ansiedade e carência, e frequentemente suportam terríveis aflições até que, por fim, caem nos braços da morte".[48] Essa narrativa sórdida de apetite, ambições exacerbadas e guerra intestina não pode nem sequer aspirar ao *status* de tragédia. Se ela prepara o cenário para um drama tão elevado, ainda assim conseguimos arruinar as oportunidades de nobreza espiritual com as quais ela nos

47 Ver Kip, The Unity of the *Oresteia*. In: Silk (Ed.), *Tragedy and the Tragic*, p.134.
48 Schopenhauer, *The World as Will and Representation*, v.2, p.349.

apresenta. "Nossas vidas", observa Schopenhauer, "devem conter todos os infortúnios da tragédia, todavia, não podemos nem mesmo afirmar a dignidade de personagens trágicos, mas, nos amplos detalhes da vida, somos inevitavelmente os personagens tolos de uma comédia."[49] A história é uma paródia inferior em vez de grandeza refinada. "Ninguém tem a mais remota ideia de por que toda a tragicomédia existe", observa Schopenhauer, "pois ela não tem espectadores, e os próprios atores passam por preocupações infinitas com prazer reduzido e meramente negativo."[50] O desejo míope e insaciável é a força motriz da tragicomédia humana, e homens e mulheres são seus meros portadores ou subordinados, veículos de sua autorreprodução sem sentido.

"Toda *vontade*", escreve Schopenhauer, "nasce da falta, da deficiência e, portanto, do sofrimento."[51] A Vontade está no cerne do ser de alguém, de modo que podemos senti-la no interior de nosso corpo com uma imediatez incomparavelmente maior do que podemos conhecer qualquer outra coisa; no entanto, também é tão estranha e anônima quanto a força que agita as ondas, e implacavelmente indiferente ao nosso bem-estar. Nossos desejos são a última coisa que podemos chamar de nossa. É como se carregássemos um peso inerte e intolerável de falta de sentido dentro de nós mesmos, como o próprio princípio do nosso ser, como se estivéssemos permanentemente grávidos de monstros. O que agora é fatalmente falho é a própria categoria da subjetividade, não apenas alguma perversão, divisão ou alienação dela. Nada poderia ser mais óbvio para Schopenhauer do que o fato de que seria muito melhor encerrar todo esse projeto sem sentido, e óbvio por razões que não devem ser atribuídas simplesmente a algum capricho sombrio de temperamento. "Entrar aos cinco anos de idade em uma fiação de algodão ou outra

49 Ibid., v.1, p.322.
50 Ibid., v.2, p.357.
51 Ibid., v.1, p.196.

fábrica", comenta, "e a partir daí sentar lá todos os dias, primeiro por dez, depois por doze e, finalmente, por quatorze horas, e executar o mesmo trabalho mecânico, é pagar caro os prazeres de respirar."[52] O que nos libertará da prisão da subjetividade é a estética. Nessa condição supremamente desapaixonada, todo desejo se afasta de nós e vemos o coração das coisas, como se fôssemos introduzidos na presença do *Ding an sich* [coisa em si] kantiano. Dissolvendo-nos por um momento precioso em sujeitos puros e sem vontade do conhecimento, somos capazes de nos livrar da servidão da Vontade, dar um deslize no desejo e atingir uma condição de objetividade completa. Lembremos alguns versos do poema "Réquiem", de Rainer Maria Rilke:

> Tão sem curiosidade teu olhar
> Tornou-se, tão despossuído, de tal verdadeira
> Pobreza, que não tinha desejo nem
> Por você mesmo; não queria nada: sagrado.

O estado mais abençoado é estar em harmonia com o que contemplamos. O mundo pode ser libertado da Vontade somente ao ser estetizado, processo no qual o sujeito que deseja se reduz até um ponto de fuga de percepção pura e alheia a si, como alguém arrebatado diante de uma pintura magnífica ou de uma soberba peça de escultura. O único ser humano virtuoso é aquele que se abnega inteiramente, de modo que é difícil dizer a quem esse triunfo temporário sobre a necessidade e o interesse próprio extremo pode ser atribuído. É como se o desinteresse estético de Kant tivesse se tornado uma estratégia desesperada de sobrevivência; mas também é prenúncio prazeroso da morte, pois, ao nos despojarmos de nossa existência diária até um estado de pura negatividade, podemos experimentar as delícias da pulsão de morte enquanto sabemos que não há mais nada de nós para ser prejudicado por ela.

---

52 Ibid., v.2, p.578.

A estética é, portanto, um prenúncio da imortalidade. Tal como o psicopata Barnardine de *Medida por medida*, de Shakespeare, alguém previne a morte cometendo suicídio espiritual antes que ela possa encostar um dedo no indivíduo. Somente por meio da autoimolação o sujeito pode ser salvo. Devemos contemplar o mundo como se nós mesmos não estivéssemos lá para percebê-lo. Nesse estado liminar de ser, em que estamos vivos e mortos, movidos e imóveis, somos capazes de olhar para o manicômio da história com a suprema impassividade do sublime, tratando a cena humana como encenação teatral na qual gritos e uivos de seres humanos em tormento são reduzidos a um falatório de palco. Ao mesmo tempo, passamos a reconhecer o *status* ficcional do ego como um artifício menor da Vontade imortal.

Ao fazermos isso, as distinções entre indivíduos desaparecem. O *principium individuationis* é desmascarado pela fraude que é, pois o estranho material no centro da sua identidade é também o que está no centro da minha, e os eus podem, assim, ser trocados empaticamente. A estética, portanto, fornece uma ética, bem como uma epistemologia, à medida que o egoísmo abre caminho para a compaixão mútua. Ironicamente, é porque o sujeito é tão desapegado, colocado acima da confusão manchada de sangue da história humana, que ele é livre para ter empatia com tudo e com todos. Sua empatia, por assim dizer, é uma questão de indiferença. Friedrich Nietzsche também considera a vida individual uma ilusão, como veremos em breve; mas ele se alegra com sua destruição literal – o que Schopenhauer não faz –, e ao fazê-lo pressiona além da esfera do ético para uma forma bastante brutal de metafísica. No entanto, embora a existência individual seja infundada, ela pode originar, na visão de Nietzsche, uma miragem magnífica que lança um véu sobre a futilidade do mundo e, assim, o torna tolerável. É esse espetáculo estético que ele chama de apolíneo. Para Schopenhauer, em contraste, essas exibições externas são pura vacuidade. Se a estética justifica os horrores da existência para Nietzsche, ela oferece a Schopenhauer uma bem-vinda rota de fuga para se afastar deles. Para Nietzsche, a essência do

Ser – o dionisíaco – deve ser afirmada; para Schopenhauer, a essência do Ser é a Vontade voraz, que deve ser repudiada, embora não esteja claro como o ato de repúdio não seja simplesmente outro exercício dessa Vontade.

A resposta de Schopenhauer à tragicomédia da existência humana assume a forma de resignação. Somente renunciando ao desejo cego de existir podemos viver como deveríamos: humildemente, sem ganância, tomados por infinita piedade pela situação de nossos semelhantes. Se a tragédia envolve expiação, não é pelos pecados do herói, mas pelo pecado original, ou seja, o crime de existir. Somente abnegando a Vontade podemos superá-la. O preço dessa vitória de Pirro, no entanto, é assustadoramente alto. Não é nada menos que a extinção da própria subjetividade. Estamos muito longe da afirmação e transcendência trágicas. Claro que há um sentimento de exaltação, mas ele não mais brota de uma visão de coexistência pacífica, e certamente não de uma percepção da racionalidade essencial do universo. Ele nasce, antes, da convicção de que, em última instância, nada importa. A tragédia não aspira além da vida cotidiana a alguma esfera de glória eterna, mas vira as costas desdenhosamente para toda essa atividade infrutífera. Não há mais esforço para resolver as antinomias de liberdade e de necessidade, já que a primeira não passa de uma farsa. Nem há qualquer clamor por justiça, uma vez que isso também é fraude. O autossacrifício heroico é igualmente inútil, já que tanto o eu quanto o mundo são indignos de nossa estima, e não se pode sacrificar o que não se considera valioso originalmente. Nem há espaço aqui para uma ética de autorrealização, já que o eu é apenas uma espuma na onda da Vontade.

A arte trágica, então, é uma maneira pela qual a Vontade se eleva à autoconsciência e confronta a própria falta de objetivo. Ao apresentar esse poder poderoso como autodividido, somos capazes de perceber sua inutilidade e, ao fazê-lo, atingir um estado de indiferença semelhante ao seu próprio. Somos nós, o público, que somos superiores aos negócios sórdidos no palco; não as figuras corajosas do drama que nos colocam, nós mortais inferiores, na sombra. Tão logo a tragédia foi honrada como revelação suprema da verdade, justiça e liberdade nos escritos de Schiller, Schelling, Hölderlin, Hegel e seus *confrères*, ela é pressionada por Schopenhauer a servir ao niilismo. Caberá a Friedrich Nietzsche reivindicá-la para as virtudes heroicas.

Antes disso, porém, temos as reflexões de Søren Kierkegaard sobre o conceito do trágico. A tragédia para Kierkegaard não é a última palavra. Ela pertence ao reino ético, um estado de existência menos sublime em seu julgamento do que a fé religiosa. O Kierkegaard de *Medo e tremor*, portanto, premia Abraão em vez de Agamenon.[53] No final, somente a fé pode encontrar uma maneira de viver com as contradições que a tragédia busca desbloquear. Se elas não podem ser harmonizadas intelectualmente, podem ser amarradas existencialmente. É um erro supor que os conflitos devam ser neutralizados ou deixados sem solução. Há uma terceira possibilidade, uma da qual Kierkegaard se apodera, a saber, que oposições que não podem ser reconciliadas em teoria podem ser fundidas provisoriamente na práxis da existência cotidiana.

Se Schopenhauer elogia a tragédia como negadora da vida, Nietzsche insiste que foi o teatro de Dionísio, junto com a arte em geral, que permitiu aos gregos antigos se elevarem acima dessa visão niilista. Já vimos que a visão trágica, como a arte em geral, é, na visão nietzschiana, tanto enriquecedora quanto preservadora da vida. Como ele observa em *O crepúsculo dos ídolos*, a arte não é uma questão de pessimismo, mas a resposta a ele. Para os gregos antigos, é um profilático para nos proteger da selvageria da existência humana, um nobre engano sem o qual dificilmente poderíamos sobreviver. É o meio pelo qual convertemos nossa náusea schopenhaueriana pela vaidade da vida em um conjunto de imagens fascinantes. Estamos a caminho da platitude modernista de que a obra de arte investe

53 Ver Kierkegaard, *Fear and Trembling*, esp. "Problem 1".

uma realidade sem forma com certo grau de ordem. A arte para Nietzsche é uma forma indispensável de falsa consciência. Não é mais revelação da realidade, mas um baluarte contra ela.

Entretanto, a estética não é simplesmente ilusão, pois também nos transporta para um estado superior de consciência. Ela é um tônico e um opiáceo. Como Nietzsche argumenta em *A vontade de poder*, ela fornece o meio primário de tornar nossa existência possível, como a grande sedução para a vida e seu grande estimulante. Sem ela, poderíamos perecer da verdade; a verdade sendo, entre outras coisas, que não há verdade, pelo menos como os metafísicos a conceberam. A tragédia é menos catarse do que terapia espiritual. É uma versão imensuravelmente superior das ilusões vulgares que, na visão nietzschiana, são abundantes na existência cotidiana, e às quais a era moderna poderia dar o nome de ideologia. Por mais superior que a arte possa ser, no entanto, Nietzsche é ousado o suficiente para reduzi-la a pura aparência, minando assim um dos valores mais estimados de sua própria civilização. Nesse sentido, se desvia bruscamente de uma tradição idealista à qual, de outras maneiras, ele permanece em dívida. Sua visão da tragédia como bálsamo para os infortúnios do mundo, por exemplo, se encaixa facilmente no impulso dessa tradição de reconciliação.

Se ciência e racionalismo são adversários da tragédia, em grande parte é porque rejeitam sua visão do universo como um lugar de terror, de acaso, de caos e de enigma e, por isso, não veem necessidade de ficções edificantes para encobrir a calamitosa falha do mundo em fazer sentido. A própria fé de Nietzsche na necessidade de tais fantasias envolve certa perversidade: você precisa de crueldade e sofrimento se quiser se deliciar com as imagens que as escondem, assim como alguém pode se alegrar com um membro quebrado por causa dos sonhos prazerosos induzidos por um anestésico. A beleza parece exigir uma infraestrutura de agonia. Uma estética altamente convencional, para a qual a arte continua sendo questão de unidade, harmonia e sublimidade, é acoplada a um relato inabalavelmente sombrio da condição humana. Para Hegel, a tragédia é racional e coerente porque essa é a natureza fundamental da realidade; para Nietzsche, a tragédia nos apresenta imagens harmônicas precisamente porque a realidade não é racional nem coerente. A resolução na arte é fruto da falta de resolução na vida. Se deve haver civilização, também deve haver barbárie. A teoria da tragédia de Nietzsche é, portanto, entre outras coisas, uma alegoria política. A condição miserável das massas é condição *sine qua non* para a prosperidade de uma elite estética. Na verdade, Nietzsche é ousado o suficiente para insistir que, para esse propósito, a situação das pessoas comuns deve ser intensificada, não aliviada.

Em termos lacanianos, *O nascimento da tragédia* se volta para o Imaginário (ou esfera de imagens apolíneas) como uma defesa psíquica contra as devastações obscenamente prazerosas do Real, as quais Nietzsche nomeia, nessa obra, de Dionisíaco e, mais tarde, Vontade de Poder.[54] O terceiro reino de Jacques Lacan, o Simbólico, recebe pouca atenção no pensamento nietzschiano, uma vez que o defensor do *Übermensch* não se rebaixa a questões tão monotonamente convencionais como o conteúdo ético ou político do drama trágico. A arte, em sua visão, não é uma forma cognitiva, e é ainda mais louvável por isso. A tragédia é, assim, absolvida de todas as concepções comuns de medo, culpa, punição, justiça e remorso, ideias mais apropriadas para os subúrbios do que para o palco.

Se o apolíneo desempenha o papel da representação de Schopenhauer, o dionisíaco é o equivalente de sua Vontade. É, no entanto, um caso muito mais ambivalente do que o último, misturando o poder letal com a exuberância infinita. Assim como o *jouissance* lacaniano, é uma mistura de Eros e Tânatos. No entanto, Apolo e Dionísio são

54 Para defesa um tanto implausível do dionisíaco, que em grande parte não consegue notar que é terrorista, bem como gerador de vida, ver Gordon, *Tragedy after Nietzsche*. Ver também Sloterdijk, *Thinker on Stage*. Para uma análise textual detalhada de *O nascimento da tragédia*, ver De Man, *Allegories of Reading*, cap.4.

interdependentes, bem como mutuamente em desacordo. Por um lado, o dionisíaco dá origem à sua própria autodissimulação apolínea, assim como tanto o ego quanto o superego, na visão de Freud, derivam seu poder do id indisciplinado. O próprio cosmos é, aos olhos de Nietzsche, um artista dionisíaco que continuamente engendra imagens sedutoras, de modo que o engano é construído em sua estrutura. Por outro lado, se o apolíneo é um efeito do dionisíaco, então contém traço do dionisíaco, em vez de camuflá-lo completamente, assim como os sonhos para Sigmund Freud revelam, em forma adequadamente remodelada, algo da verdade anárquica do inconsciente. É na fantasia que o Real se torna manifesto. Além disso, o dionisíaco precisa da unidade e autodisciplina do apolíneo, assim como o *Übermensch* vence o caos de seu eu cotidiano, esculpindo-o para uma forma esteticamente gratificante. É assim que Dionísio passa a falar a língua de Apolo, e Apolo o idioma de Dionísio. Do ponto de vista do espectador, que é tanto iludido quanto discernente, cego e perspicaz, as duas esferas não devem ser distinguidas.

O apolíneo pode lançar um véu sobre o dionisíaco, mas também nos permite ter uma visão de sua sabedoria impenetrável. Na esfera do apolíneo, defendemos um momento abençoado fora do tempo, mudança e conflito; no reino de Dionísio, a luta e a turbulência são intermináveis. Em certo sentido, a verdade do mundo é a mutabilidade que a tragédia costumava lamentar, mas que Nietzsche celebra, enquanto, em outro sentido, nada altera fundamentalmente. O derramamento de sangue e a brutalidade são constantes, mas assumem uma miríade de formas diferentes. O ferimento mortal e o antagonismo mútuo são constitutivos do próprio Ser. É por isso que, com todo respeito a Hegel, não pode haver reconciliação fundamental na existência em si, mas apenas uma reconciliação ilusória na arte à qual ela dá origem.

O apolíneo sublima os terrores do dionisíaco, refinando seus arrebatamentos e impondo a ordem em seu caos eterno. Ele também impõe ordem ao eu, enganando-nos com a ficção de que somos agentes unificados e, assim, permitindo-nos tomar ações construtivas. Caso contrário, nos encontraríamos paralisados pela crônica macabra de absurdo, o autoarrebatamento e a psicopatologia que atende pelo nome de história humana. Na visão de Freud, o ego desempenha papel semelhante em relação ao id. O não significado é, portanto, recuperado para o significado, como Dionísio é transformado de bêbado em sonhador. É isso que Nietzsche tem em mente quando afirma que o universo pode ser justificado apenas esteticamente. Para Schopenhauer, ao contrário, é a lente de distanciamento da estética que nos permite reconhecer que o mundo não pode ser justificado de forma alguma.

É o olhar imperturbável do espectador, e não as agonias dos personagens no palco, que para Nietzsche empresta à tragédia seu valor inigualável. Como testemunhas da ação trágica, podemos enganar a pulsão de morte no exato momento em que nos entregamos delirantemente a ela, saboreando nossas fantasias infantis de vida eterna. Ao mesmo tempo, transportados como o espectador schopenhaueriano para centros atemporais, sem vontade e sem lugar de pura contemplação, chegamos a reconhecer que o feio e o deformado são aspectos indispensáveis do poderoso jogo cósmico, a serem afirmados junto de suas características mais benignas. A tragédia, mais uma vez, é uma forma de teodiceia: não pode haver felicidade sem dor, nem prosperidade sem definhamento, nem supremacia sem automutilação. A aflição está na raiz de toda arte autêntica. O artista trágico busca ativamente o sofrimento, afirmando tudo o que é questionável e terrível na existência humana. A tragédia é a mais doce crueldade. Quanto mais a vida emprega suas armas mais formidáveis contra alguém, mais piedosamente deve-se prestar-lhe homenagem. Dor e autorrepressão são, para Nietzsche, prelúdio essencial para o advento do *Übermensch*, que é uma das razões pelas quais elas não devem ser repudiadas. Há forte teleologia em ação aqui. No entanto, a adversidade presente não é simplesmente um prólogo ao heroísmo futuro. Nietzsche também demonstra gosto macabro pelo aqui e agora. Se Hegel tem uma visão aviltante da dificuldade humana, Nietzsche a saúda com aclamação. "O caminho para o próprio céu", ele observa em *A Gaia Ciência*, "sempre leva através da volúpia do próprio inferno."[55]

Entre seus outros benefícios, o sofrimento desempenha papel formativo na construção do caráter, que é uma das razões pelas quais Nietzsche demonstra tanto desprezo pelos sentimentos femininos de piedade, medo e compaixão. "Considerar todos os tipos de angústia como uma objeção", ridiculariza, "como algo que deve ser abolido, é a *niaiserie par excellence*."[56] Há forte alegria a ser colhida ao ver homens e mulheres despedaçados. Nossa aflição pela angústia do herói trágico é superada pela felicidade ao ver sua aniquilação. Os antigos, afirma Nietzsche, viam fazer os outros sofrerem como um encantamento de primeira ordem, e não conheciam tempero mais saboroso para oferecer aos deuses do que os prazeres da crueldade. Com o autoabandono imprudente de uma cerimônia *potlatch*,[57] o espírito dionisíaco brincalhão, que se autodeleita, supremamente inútil e superabundante, sacrifica voluntariamente até mesmo os tipos mais elevados, na jubilosa certeza de que espécimes ainda mais esplêndidos eventualmente surgirão.

"É a alegria que é trágica", comenta Gilles Deleuze, um seguidor fiel de seu mestre.[58] "A tragédia deve ser uma alegria para o homem que morre", declara Augusta Gregory,[59] sentimento que pode ter sido uma surpresa para o Fausto, de Marlowe, ou para o Werther, de Goethe. O herói trágico, escreve Nietzsche, "a mais alta manifestação da vontade, é negada para nosso prazer porque ele é apenas um

---

55 Nietzsche, *The Joyful Wisdom*, p.266.

56 Id., *Ecce Homo*. In: Kaufmann (Ed.), *Basic Writings of Nietzsche*, p.785.

57 *Potlach* é uma palavra chinook, uma das línguas indígenas da América do Norte, e define uma cerimônia de trocas de oferendas e presentes. Ver, por exemplo, Marvin Harris, *Vacas, porcos, guerras e bruxas*, Civilização Brasileira, 1978. (N. T.)

58 Deleuze, *Nietzsche and Philosophy*, p.17.

59 Apud Yeats, *Essays and Introductions*, p.523.

fenômeno e porque a vida eterna da vontade não é afetada por sua aniquilação".[60] O que a queda do herói revela é a natureza indestrutível do Ser ou do Devir, que é tão indiferente quanto a Vontade schopenhaueriana a qualquer uma de suas próprias manifestações passageiras, e tão incompreensivelmente fecunda, que pode se dar ao luxo de oferecer à morte uma série de formas de vida profusas às quais dá origem.

Nietzsche é, talvez, o flagelo mais eloquente do cristianismo da era moderna. Ele o vê como um culto mórbido, negador da vida, que vê o sofrimento como redentor. A escolha que a época deve fazer, em sua própria frase ousada, é entre Dionísio e o Crucificado. Ainda assim, o ideal cristão ascético não deve ser simplesmente rejeitado. Ao atribuir significado à dor e à dificuldade, por mais ilusório que seja, serviu em seus dias para preservar a existência humana de um niilismo mortal. É assim que a vida astutamente se promove por meio de sua própria negação. A autoaversão e o autotormento desempenharam seu papel na sustentação da espécie. Mas a verdade é que é Nietzsche quem canta os louvores da aflição, e o cristianismo que ele despreza a considera um mal. Slavoj Žižek está enganado ao afirmar que Nietzsche está próximo do cristianismo em sua "aceitação total do sofrimento e da dor como o único caminho para a redenção".[61] A verdade é que Nietzsche tem visão positiva do sofrimento, enquanto o Novo Testamento, não. Em nenhum momento do Evangelho, Jesus aconselha os doentes a se resignarem à sua condição. Pelo contrário, ele parece considerar sua cegueira, a claudicação ou a loucura como obra de Satanás, e dedica muito de seu tempo a curá-los. O pensamento de sua agonia iminente na cruz o joga em pânico no Jardim do Getsêmani. O sofrimento, na visão de

60 Nietzsche, *The Birth of Tragedy*. In: Kaufmann (Ed.), *Basic Writings of Nietzsche*, p.104. Para um estudo detalhado do texto de Nietzsche, ver Daniels, *Nietzsche and the Birth of Tragedy*.

61 Žižek, *The Puppet and the Dwarf*, p.81.

Nietzsche, deve ser afirmado para desfrutar de uma abundância de vida, enquanto para o Novo Testamento é óbvio que a doença e a abundância de vida são incompatíveis. Se dor e dificuldade se mostram inevitáveis, e alguém é capaz de arrancar algo positivo delas, muito bem. Essa alquimia moral é característica de muitas ações trágicas. Mas seria preferível se o valor pudesse ser criado de alguma forma menos repugnante. Que o bem possa surgir do mal é trágico em dois sentidos diferentes: pode ser descrição da tragédia em si para aqueles que a consideram uma afirmação da vida; ou pode ser trágico no sentido de que há algo distorcido em um mundo no qual um preço tão alto deve ser pago pela felicidade. O Novo Testamento, para o qual o que está errado com o mundo é conhecido como pecado ou falta de amor, pertence ao segundo sentido.

Na visão de Nietzsche, os dois princípios de Apolo e Dionísio só ocasionalmente alcançam um grau de equilíbrio. As atrações do apolíneo são estritamente efêmeras. Ele representa a esfera do indivíduo, enquanto o dionisíaco dissolve toda essa particularidade no fluxo incessante do Devir. O que está em jogo na luta entre eles, então, não é apenas um choque entre ilusão redentora e realidade triste, mas uma contradição entre individual e universal, como é o caso de Hegel. Aos olhos de Nietzsche, no entanto, esse não é o problema mais espinhoso a ser resolvido, uma vez que o indivíduo não é mais do que uma ficção em primeiro lugar. Sua dissolução no Todo é assunto feliz, não uma questão dolorosa de autoprivação como é para o mártir. O mártir doa sua morte como um presente para os outros, mas não há tal dimensão moral ou política no pensamento trágico de Nietzsche. A doação de si não ocupa um alto lugar em sua agenda ética. O que é doloroso não é a rendição do eu, já que ele não tem grande valor a princípio, mas o processo de individuação do qual ele emerge.

Deleitar-se com os horrores da existência humana é desprezar um progressismo banal de classe média, mas também é renunciar a todo niilismo covarde. O espírito trágico é uma afronta aos reformistas sociais, mas também ele recusa a promover um pessimismo que possa contaminar as massas. É possível experimentar um êxtase além do alcance do cidadão comum e, ao mesmo tempo, ter a coragem de pagar um preço por esse arrebatamento que está igualmente além de seu alcance. Nietzsche pode, portanto, evitar a melancolia de um Schopenhauer sem voltar-se para um otimismo frágil, e é o conceito de tragédia que lhe permite isso. "Eu tenho o direito de me entender como o primeiro filósofo trágico", declara em *Ecce Homo*, "isto é, o oposto e antípoda mais extremo de um filósofo pessimista."[62] Vimos que, na figura de Sócrates, a filosofia supostamente nasceu da morte da tragédia; agora, na pessoa de Nietzsche, a filosofia retorna a essa origem e proclama a superioridade da visão trágica sobre seu próprio estilo de conhecimento. Se isso é em si um *insight* teórico, pertence a uma forma de pensamento que anuncia orgulhosamente a própria morte. É verdade que Nietzsche continua a se chamar de filósofo, assim como Heidegger, Jacques Derrida e uma série de outros antimetafísicos que seguem seus passos, mas como as barreiras entre poesia e filosofia estão decisivamente rompidas, o termo não significa mais exatamente o que significava para Platão e Kant.

Como pensador surpreendentemente vanguardista, Nietzsche está preparado para abraçar o ceticismo, o relativismo, o perspectivismo e a turbulência perpétua, abandonando alegremente as fundações firmes e os absolutos metafísicos. No entanto, tudo isso é compatível com a celebração dos nobres valores tradicionais de resistência e autodomínio heroico, juntamente com uma prontidão viril para confrontar o indizível no alegre conhecimento de que isso nunca pode nos depreciar. Uma epistemologia radical é pressionada a serviço de uma política reacionária. Se o eu, assim como o mundo em geral, é uma coisa amorfa, então é preciso moldá-lo vigorosamente para dar forma, um projeto que requer autodisciplina austera de uma elite de estilo militar. É um empreendimento que sinaliza

62 Apud Kaufmann, *Basic Writings of Nietzsche*, p.728.

o renascimento não apenas da arte trágica, mas de uma cultura trágica; uma cultura que, ao passar da razão para o mito, da ciência para o simbolismo, rejeita a ilusão racionalista de que a mera cognição pode penetrar no mistério do Ser e curar a ferida eterna da existência. Em oposição à ciência, à igualdade, à democracia, ao feminismo, à revolução socialista e a outros sintomas desprezíveis da decadência moderna, devemos retornar à arte que diz "sim" a todas as coisas, por mais perniciosas que pareçam. Uma cultura trágica seria uma cultura de crueldade e hierarquia, serenidade e alto astral, deleite no domínio e generosidade imprudente do coração, magnanimidade dos fortes e esmagamento dos fracos. "De volta à tragédia!" tem um toque perverso como *slogan*, mas não se alguém estiver pensando em esplendor espiritual em vez de guerra ou genocídio. Falando de modo geral, os filósofos da tragédia encontraram pouca dificuldade em fazer isso.

Martin Heidegger é outro filósofo para quem o retorno dos deuses, o recrudescimento do mito e o renascimento do trágico provarão ser a única salvação para uma era arruinada pelo racionalismo e pela tecnologia. Diante desse regime sombrio, tão cego quanto o próprio Édipo e tão destrutivo em sua ânsia por conhecimento, a tragédia grega antiga, para o Heidegger tardio, evoca a estranheza fundamental da humanidade, a abertura ao destino, a poesia de sua existência e o abismo impenetrável do Ser, do qual o trágico é a revelação suprema.[63] De fato, a tragédia, na visão heideggeriana, é a mais profunda das reflexões filosóficas, apresentando-nos uma imagem do Homem como perigoso, violento, predestinado, desabrigado e misterioso.

No entanto, Heidegger está escrevendo no final de uma tradição e não importa suas esperanças desamparadas para o futuro. No final da era moderna, uma estimativa positiva do trágico não passará

---

63 Ver, por exemplo, a discussão de Heidegger de *Oedipus Tyrannus* em *Introduction to Metaphysics*, p.112-114.

mais sem ser desafiada. Um bom número de pensadores, com certeza, continua a exaltar a arte em geral, e a tragédia em particular, como forma suprema de reconciliação. Seria difícil superar os elogios extravagantes acumulados à ideia do trágico no ensaio inicial de Georg Lukács, "The Metaphysics of Tragedy" ["A metafísica da tragédia"], para o qual a tragédia surge como fenômeno mais poderoso do que a própria história. Como epifania da verdade suprema, é somente a visão trágica que instila significado na existência humana. Em momentos de crise trágica, nos é concedido o privilégio de uma experiência pura de individualidade, despojada de todos os acidentes empíricos ou psicológicos. A arte trágica é sobretudo a autorrevelação do próprio Ser, "o devir real da natureza concreta e essencial do homem",[64] o auge do esforço humano e uma ocasião para o êxtase místico. Não é de se admirar que, na trilha de Nietzsche e Heidegger, Lukács procure, ansiosamente, por seu renascimento.

Outros autores do século XX fazem observação semelhante. "Somente no reino do Louvor deve caminhar o Lamento", escreve Rilke em *Os sonetos a Orfeu*, ligando sofrimento e júbilo no estilo nietzschiano. O escritor Aldous Huxley argumenta que a tragédia é preciosa demais para que se deixe perecer,[65] enquanto o crítico Kenneth Burke afirma em *Counter-Statement* [*Contradeclaração*] que, embora o drama trágico em si possa estar morto, o espírito trágico continua vivo.[66] Sua sobrevivência é assumida como fonte de valor. Para Joseph Wood Krutch, a tragédia "reconcilia o homem com suas angústias", revelando segurança imperturbável na nobreza do espírito humano que nenhum espetáculo de sofrimento pode afetar. Em vez disso, "devemos estar felizes e estamos felizes com a morte de Julieta, e felizes que Lear voltou-se para a tempestade".[67] A morte de Édipo nos

---

64 Lukács, *Soul and Form*, p.162.

65 Ver Huxley, Tragedy and the Whole Truth. In: ______. *Music at Night*.

66 Kenneth Burke, *Counter-Statement*, p.42.

67 Krutch, *The Modern Temper*, p.125.

parece insignificante em contraste com a grandeza de alma que ela manifesta. Para Krutch, assim como para toda uma linhagem de teóricos levemente saneadores, a tragédia representa "uma maneira de olhar a vida em virtude da qual ela é privada de sua dor".[68] Seu propósito é extrair alguma alegria da existência explorando a realidade da miséria humana. Curiosamente, ele então passa a prejudicar a própria teoria confessando que não passa de ficção consoladora.

"Não é que a tragédia não tenha um lado negativo", outro crítico nos informa sem sopro de ironia, como se depois de cantar seus louvores ele tivesse acabado de lembrar que ela lida com a morte e a devastação.[69] O dramaturgo Arthur Miller tem a opinião surpreendente de que a tragédia é um gênero mais otimista do que a comédia, confirmando o que ele chama de "as opiniões mais brilhantes do observador sobre o animal humano".[70] Por trás das ações do herói trágico, reside uma fé na perfeição da humanidade. A tragédia deve negociar com a esperança, pois se o protagonista não puder reivindicar a vitória sobre os poderes que ele confronta, não nos é oferecido mais do que *páthos* e pessimismo. Essa não é uma visão que se encaixa facilmente no drama de Miller.

Da Antiguidade clássica à Nova Crítica norte-americana, a doutrina da obra de arte unificada, resolvendo suas partes em um todo integrado, provou ser surpreendentemente tenaz. Notavelmente, é apenas nas primeiras décadas do século XX, com a eclosão das vanguardas europeias, que esse dogma é disputado em alguma escala considerável. A ideia de dissonância agora dará o tom, cujo melhor teórico é o grande adversário de Heidegger, Theodor Adorno. Escrevendo à sombra de Auschwitz, Adorno suspeita que a tragédia, ao investir o sofrimento humano de uma forma bem definida, ameaça

---

68 Ibid., p.126.

69 Gordon, *Tragedy after Nietzsche*, p.18.

70 Miller, Tragedy and the Common Man. In: ______. *The Theater Essays of Arthur Miller*, p.4.

traí-lo. Ao impor sentido ao insensato, ele só consegue diminuir seu horror.[71] Um comentarista posterior, mais ambíguo, sustenta que "é igualmente perigoso encontrar e não encontrar sentido no sofrimento".[72] Nem sequer pode haver qualquer reconciliação final de poderes para o Freud a quem Adorno é tão devedor. Eros pode fazer um pacto com Tânatos, o princípio do prazer com o da realidade, mas eles nunca coexistirão pacificamente. O sujeito humano é dividido em vez de autoidêntico. Não pode haver vitória decisiva sobre o cataclisma da infância. Nós devemos simplesmente viver com suas consequências da melhor maneira possível. A civilização é menos antídoto para a tragédia do que exemplo dela.

O filósofo Georg Simmel dá uma nota igualmente repreensiva no ensaio "O conceito e a tragédia da cultura", alegando que, embora a cultura prometa uma síntese harmônica entre sujeito e objeto, o espírito humano continua insatisfeito. Os objetos que ela molda alcançam uma vida própria que, então, como na teoria da alienação de Marx, retornam para subjugar seus criadores. A tragédia é essencialmente reificação. As formas nas quais a vida se realiza também a traem em sua objetividade inerte. A civilização é autossubversiva, desfeita pelas próprias contradições internas. A autorrealização inevitavelmente afunda na autoperda. "Mesmo em seus primeiros momentos de existência", reclama Simmel, "a cultura carrega algo dentro de si que, como se por um destino intrínseco, está determinado a bloquear, sobrecarregar, obscurecer e dividir seu propósito mais íntimo."[73]

À medida que o século XX se desenrola, então, há um coro crescente de vozes que questionam a natureza afirmativa da tragédia. Para *A decadência do Ocidente*, de Oswald Spengler, a forma de arte não

71 Adorno, *Noten zur Literatur*, p.423.

72 Sands, Tragedy, Theology, and Feminism. In: Felski (Ed.), *Rethinking Tragedy*, p.83.

73 Simmel, On the Concept and Tragedy of Culture. In: Etzkorn (Ed.), *Georg Simmel*, p.46.

significa a glória heroica, mas a natureza irreversível do desenvolvimento temporal e a inevitabilidade do declínio cultural. Em *The Star of Redemption* [*A estrela da redenção*], Franz Rosenzweig é cético quanto ao que ele considera o ideal trágico de viver pelo Absoluto, uma conquista que só é possível para o santo.[74] Para Walter Benjamin de *Origem do drama trágico alemão*, a antiga tragédia grega termina em uma espécie de resolução, mas de tipo notavelmente provisório e problemático; enquanto o alemão *Trauerspiel* que o seu estudo aborda, atormentado por um senso luterano da vaidade do mundo, não conhece tal fechamento redentor. *Trauerspiel* promove uma disposição melancólica, em vez de exaltada, em seu público, advertindo-o de que a felicidade é a reserva da vida após a morte. O colega de Benjamin, Bertolt Brecht, encontra na noção de destino trágico uma ideologia da classe dominante com a intenção de reduzir homens e mulheres à quietude política. Suas próprias formas teatrais episódicas e abertas são projetadas para desafiar esse fatalismo.[75]

Em um ensaio intitulado "Natureza, humanismo e tragédia", Alain Robbe-Grillet reclama que a noção de absurdo trágico de Albert Camus serve como dispositivo tortuoso para recuperar o não significado para o significado. A tragédia, afirma, é a última tentativa desesperada de ver a distância entre a Natureza e a humanidade em termos morais, tratando-a como uma questão de angústia e de estranhamento em vez de simplesmente um fato.[76] Mas distância não é dissensão. A verdade plena, insiste Robbe-Grillet, é que não há nada faltando ou algo defeituoso nessa condição; nenhuma fissura dolorosa, vazio ontológico ou divindade sinistramente ausente. Quando se trata da morte de Deus, a tragédia percebe o problema não como sua não existência, mas como sua recusa enigmática em responder às

74 Ver Rosenzweig, *The Star of Redemption*, p.211.

75 Para um relato valioso da rejeição de Brecht da tragédia, ver Raymond Williams, *Modern Tragedy*, parte 2, cap.7.

76 Ver Robbe-Grillet, Nature, Humanism and Tragedy. In: ______. *For a New Novel*, p.59.

suas criaturas. A simples ausência é carregada de falsa profundidade. Na mesma linha, Roland Barthes acusa a arte trágica de ser "apenas um meio de 'recuperar' a miséria humana, de subsumir e, portanto, justificá-la na forma de necessidade, sabedoria ou purificação [...] nada é mais insidioso do que a tragédia".[77] Há, de fato, muitas coisas no mundo mais insidiosas do que *The Changeling* [*O metamorfo*] ou *Titus Andronicus*, mas o comentário cáustico de Barthes é, no entanto, revigorante. Ninguém familiarizado com a idealização implacável do trágico na cultura da Europa moderna poderia deixar de apreciar sua franqueza.

Theodor Adorno comenta que "uma obra de arte bem-sucedida [...] não é aquela que resolve contradições objetivas em uma harmonia espúria, mas a que expressa negativamente a ideia de harmonia ao incorporar as contradições, puras e descomprometidas, em sua estrutura mais interna".[78] Na mesma direção, John Haffenden aponta que William Empson, de *Seven Types of Ambiguity* [*Os sete tipos de ambiguidade*], "não está procurando *resolver* ambiguidades, como se elas representassem algum tipo de indigestão literária, mas celebrar a polissemia da poesia, sua trama e sua urdidura de significados mistos".[79] Jacques Lacan descarta a noção hegeliana de reconciliação trágica, observando que o tópico da tragédia é onde Hegel é menos impressionante.[80] Slavoj Žižek, o emissário de Lacan na Terra, é igualmente desdenhoso de tais sínteses. Em sua visão, a tragédia encena o choque violento de posições mutuamente incomensuráveis e, como tal, é alheia à negociação racional ou ao consenso ético.[81] O filósofo irlandês William Desmond encontra na tragédia "uma das formas máximas de estar perdido" e vê o conhecimento trágico como "o destruidor de toda fé ingênua na inteligibilidade básica, inclusive

---

77 Apud Gordon, *Tragedy after Nietzsche*, p.86.

78 Adorno, *Prisms*, p.32.

79 Haffenden, *William Empson*, v.1, p.204.

80 Porter (Ed.), *The Seminar of Jacques Lacan*, p.249-250.

81 Ver o ensaio Žižek, A Plea for Ethical Violence, *The Bible and Critical Theory*.

no valor do ser". É uma forma de consciência que "traz para casa a permeabilidade de todas as coisas pela perda"[82] e, assim, escapa ao alcance da filosofia. Nietzsche, como vimos, é outro pensador para quem o trágico supera o filosófico, mas isso ocorre porque ele fala à sua mente sobre questões mais profundas, enquanto, para Desmond, é o trauma do trágico que torna tais reflexões mudas.

Ocorre que existem surpreendentemente poucos exemplos de drama trágico que se adaptam ao modelo proposto por Schiller, Schelling, Hölderlin e seus colegas. Joshua Billings destaca que nenhuma forma de arte foi mais intensamente teorizada do que a tragédia, mas também não há, pode-se acrescentar, uma que revele discrepâncias tão flagrantes entre teoria e prática.[83] Raymond Williams escreve que "o fato mais notável sobre a ideia pós-feudal de tragédia é sua distância dos principais desenvolvimentos criativos na escrita trágica real".[84] Poucos protagonistas trágicos, de Prometeu ao Capitão Ahab, resignam-se com a força heroica ao seu destino, vendo nele o funcionamento secreto de um Absoluto benigno. Se isso fosse definidor da forma, Platão não precisaria propor a censura de faixas inteiras dessa poesia por considerá-las moral e politicamente subversivas, uma fonte de dissensão, irreverência, pessimismo, autoindulgência emocional, identidade instável, paixão desenfreada e um perigo para a harmonia racional da alma. De fato, o estado de espírito do herói trágico schilleriano ou schellinguiano, possuidor de um equilíbrio de alma que nenhum poder externo pode colocar em perigo, não está longe do ideal platônico da boa vida.

Em um estudo valioso intitulado *Tragedy and Theory* [*Tragédia e teoria*], Michelle Gellrich mostra como a teoria do drama trágico buscou, ao longo dos séculos, higienizar sua prática, neutralizando a indignação moral, sufocando os conflitos, neutralizando a

---

82 Desmond, *Perplexity and Ultimacy*, p.30, 32 e 49.

83 Ver Billings, *Genealogy of the Tragic*, p.1.

84 Raymond Williams, *Modern Tragedy*, p.27.

perturbação com apelos anódinos à virtude, à racionalidade e à harmonia social, e arrumando toda uma série de aporias e ambiguidades nos próprios textos.[85] A filosofia da tragédia, pode-se sugerir, desempenhou o papel de Apolo para o Dionísio da prática. Gellrich destaca que Aristóteles tem pouco a dizer sobre as características agonísticas da forma. Se a tragédia não for desinfetada dessa forma, ela argumenta, corre o risco de ser moralmente pouco edificante. Muitos observadores do início da modernidade consideram a forma como moral e socialmente degenerada, uma narrativa desanimadora de caos, insurgência e volatilidade política. Hegel, observa Gellrich, é o primeiro teórico proeminente da tragédia a atender seus conflitos e suas contradições, embora o faça olhando para uma *détente* final.

A tragédia tem sido vista como expressão de náusea na existência humana, ou como tranquila transcendência dela. Há aqueles para quem ela envolve uma glorificação da morte e do autossacrifício, um desdém pela mortalidade humana ou uma alegre submissão à autoridade. Pode-se encontrar nela apologia da infelicidade, fomento salutar da ilusão ou apelo à mesquinharia da razão. Ela pode assumir a forma de prazer malicioso ao ver homens e mulheres sendo mortos a golpes, ou ser descartada como uma cena de farsa sórdida. Foi elogiada como epifania de liberdade infinita, vitória sobre a Natureza ou abraço lúcido do inevitável. Seja qual for a versão que se escolha, ela não soa à primeira vista como a mais humana e iluminada das formas de arte. É uma sorte, então, que a maior parte da arte trágica não se conforme a essas doutrinas, e que, de todo modo, nem todos os críticos as subscrevam. Escrevendo no início do período moderno, o Conde de Shaftesbury, um *whig* progressista profundamente hostil à corrupção conservadora tóri na corte, considera a tragédia um veículo para sentimentos republicanos, alertando contra o despotismo e a venalidade em altos cargos. É um corretivo para um tóri que rasteja aos pés do poder. Shaftesbury, portanto, se junta a uma tradição

85 Ver Gellrich, *Tragedy and Theory*.

honrosa, particularmente marcada no período medieval, para a qual a tragédia alerta a população contra os vícios e paixões desenfreadas dos poderosos.[86]

Não é preciso apelar para os progressistas, no entanto, para reconhecer quão reformulada é uma visão da tragédia tomada pela tradição que flui de Schiller para os textos iniciais de Lukács. As formas mais angustiantes de arte trágica tratam do sofrimento, para o qual nenhum consolo é possível: ferimentos que a passagem do tempo não apagará, relacionamentos que são irrevogavelmente rompidos, estados de desolação que recusam qualquer conforto. É perverso retirar o título de tragédia de tal arte simplesmente porque ela recusa a reconciliação. Ao contrário, é parte de sua integridade que ela o faça. Rowan Williams fala da tragédia, em *The Tragic Imagination* [*A imaginação trágica*], como "dar sentido à dor".[87] É uma cerimônia pela qual buscamos compartilhar, honrar, memorializar e encontrar algum significado no dano mortal, mas Williams está igualmente consciente do que é inacessível nesse dano, mesmo para o mais empático dos espectadores. A arte trágica requer que sintamos o infortúnio dos outros, mas também exige respeito pela opacidade de sua tristeza.

De fato, pode-se argumentar que algumas formas de sofrimento, sobretudo a dor física aguda, são manifestações de falta de sentido e, dessa maneira, parte do que é tradicionalmente entendido como demoníaco. Elas representam desvendamentos locais do cosmos, sinais de um desejo enlouquecido de devolver toda a Criação ao caos. Rowan Williams, parafraseando o teólogo Donald MacKinnon, escreve sobre "a dor sem sentido, inexplicável, injustificável, inassimilável; dor que é, por assim dizer, inegociável".[88] Assim como Iago

86 Ver Klein, *Shaftesbury and the Culture of Politeness*, p.187-188. Para as ideias trágicas no período medieval, ver Kelly, *Ideas and Forms of Tragedy*.

87 Rowan Williams, *The Tragic Imagination*, p.47.

88 Ver Rowan Williams, Trinity and Ontology. In: Surin (Ed.), *Christ, Ethics and Tragedy*, p.78 e 85.

ao confrontar Otelo, o demoníaco é afrontado pela própria existência de significado e valor, que ele considera fraudulento e repulsivo. A virtude lhe parece absurdamente pretensiosa. É apenas porção de elevada hipocrisia escondendo mal as operações grosseiras do apetite. O demoníaco, sumariamente, é uma forma de niilismo ou cinismo, o qual se deleita com o absurdo, mergulha no ridículo, ri do amor e da piedade e não pode ser redimido porque não consegue compreender o significado da redenção.

Uma história surrealmente breve da noção de conflito pode começar com os pré-socráticos, para quem o universo consiste em conflitos sem síntese. As forças antitéticas existem em equilíbrio. Da Antiguidade clássica à era do Iluminismo, unidade e simetria são altamente valorizadas, enquanto dissonância e ruptura representam uma ameaça à estabilidade. Para os idealistas, românticos e teleologistas do século XIX, por outro lado, a luta e o desperdício têm seu papel na próspera evolução da história humana. A unidade continua sendo a tônica, mas pode finalmente incorporar divisões. Na Modernidade tardia, como vimos, essa fé na reconciliação é cada vez mais reprimida como fantasia ou falsa utopia.

O que se segue é a cultura do pós-modernismo, para a qual o conflito e a contradição não são mais questões prementes. Em vez disso, a ênfase recai na diferença e na diversidade. A disposição pós-moderna, distintamente de seu predecessor modernista, não é, em grande parte, trágica. Sua aversão à subjetividade "profunda" não se acomoda com facilidade ao tormento espiritual ou à angústia ontológica. Se ela não acredita na redenção, é porque não consegue ver nada a ser redimido. Essa conversa metafísica refinada soa vazia em um mundo de mídia social e altas finanças. Além disso, o espírito relativista do pós-modernismo se sente desconfortável com o absolutismo da morte e a natureza irreparável da perda trágica. A nobreza do trágico irrita a sensibilidade populista do pós-modernismo, e sua retórica exaltada ofende o humor discreto e descontraído do pós-modernismo. Não há conflitos de visão ou de convicção que causem morte, já que a cultura pós-moderna suspeita que a visão é ociosamente utópica e toda a convicção incipientemente dogmática. Uma vez que desconfia da ideia de unidade como falsamente essencialista, a perspectiva de resolver hostilidades não tem grande apelo. Pela mesma razão, também é bastante indiferente ao conceito de solidariedade política. Se o pós-modernismo é corretamente cauteloso com os aspectos mais triunfalistas do trágico, em grande parte é pelas razões erradas.

Razões mais sólidas para tal ceticismo com certeza não são difíceis de encontrar. O legado que passa de Kant para Heidegger está entre as correntes de pensamento mais profícuas e ambiciosas da história intelectual moderna. Suas reflexões sobre a tragédia, no entanto, não conseguem revelá-la em seu aspecto mais persuasivo. Na maior parte, os filósofos da tragédia reduziram o alcance e a diversidade da arte para atender aos próprios fins ético-políticos. O que então surge é uma versão do trágico que serve amplamente para suprimir a tragédia no sentido comum da palavra. A comédia na arte não está muito distante da comédia na vida, mas no caso da tragédia, como vimos, há um abismo entre seus sentidos estético e cotidiano. Além disso, o uso cotidiano da palavra produz um relato mais fiel da maioria dos dramas trágicos do que a maioria das teorias que examinamos. A opinião comum, por exemplo, por certo está correta em sustentar que o irremediável é mais trágico do que o resolvível, o que não quer dizer que o resolvível não tenha lugar. Essa ideologia do trágico faz um desserviço àqueles cuja situação se mostra irreparável, a todos os envolvidos em conflitos que se mostram irredutíveis a uma unidade de opostos. Ela falha em conceder aos inconsoláveis o respeito que eles merecem.

Referências bibliográficas

ADORNO, Theodor. *Noten zur Literatur*. Frankfurt am Main: Suhrkamp, 1974. [Ed. bras.: *Notas de literatura*. São Paulo: Editora 34, 2012.]

______. *Prisms*: Cultural Criticism and Society. London: Neville Spearman, 1967. [Ed. bras.: *Prismas*: crítica cultural e sociedade. São Paulo: Ática, 2019.]

AHRONSDORF, Peter J. *Greek Tragedy and Political Philosophy*. Cambridge: Cambridge University Press, 2009.

ALTHUSSER, Louis. *For Marx*. London: Penguin, 1969.

______. Ideology and Ideological State Apparatuses. In: ______. *Lenin and Philosophy*. London: New Left Books, 1971.

ANDERSON, Perry. Modernity and Revolution. *New Left Review*, n.144, p.96-113, mar.-abr. 1984.

______. The Antinomies of Antonio Gramsci. *New Left Review*, n.100, p.5-78, nov. 1976-jan. 1977.

ARENDT, Hannah. *Between Past and Future*. New York: The Viking Press, 1978. [Ed. bras.: *Entre o passado e o futuro*. São Paulo: Perspectiva, 2011.]

______. *The Human Condition*. Chicago: University of Chicago Press, 1958. [Ed. bras.: *A condição humana*. Rio de Janeiro: Forense Universitária: 2016.]

ARNOLD, Matthew. The Incompatibles. In: SUPER, R. H. (Ed.). *The Complete Prose Works of Matthew Arnold*: English Literature and Irish Politics. Ann Arbor: University of Michigan Press, 1973. v.9.

BARTHES, Roland. *Sade, Fourier, Loyola*. London: Jonathan Cape, 1977. [Ed. bras.: *Sade, Fourier, Loyola*. São Paulo: WMF Martins Fontes, 2005.]

BECKER, George J. (Ed.). *Documents of Modern Literary Realism*. Princeton: Princeton University Press, 1973.

BEISTEGUI, Miguel de; SPARKS, Simon (Ed.). *Philosophy and Tragedy*. London: Routledge, 2000.

BENJAMIN, Walter. Fate and Character. In: ______. *One-Way Street and Other Writings*. London: Harcourt Brace Jovanovich, 1978. p.124-133.

______. *Trauerspiel* and Tragedy. In: ______. *Selected Writings: 1913-1926*. Cambridge: Harvard University Press, 1996. v.1, p.55-58.

BILLINGS, Joshua. *Genealogy of the Tragic*: Greek Tragedy and German Philosophy. Princeton: Princeton University Press, 2014.

BRADLEY, A. C. *Shakespearean Tragedy*. London: Macmillan, 1904. [Ed. bras.: *A tragédia shakespeariana*. São Paulo: WMF Martins Fontes, 2009.]

BRECHT, Bertolt. *The Messingkauf Dialogues*. London: Methuen, 1965.

BURKE, Edmund. *A Philosophical Enquiry into the Origin of our Ideas of the Sublime and Beautiful*. London: Routledge and Paul, 1958.

______. Letter to Sir Hercules Langrishe. In: McDowell, R. B. (Ed.). *The Writings and Speeches of Edmund Burke*. Oxford: Oxford University Press, 1991. v.9.

______. Reflections on the Revolution in France. In: CANAVAN, Francis (Ed.). *Select Works of Edmund Burke*. Indianapolis: Liberty Fund, 1999. v.2.

BURKE, Kenneth. *Counter-Statement*. New York: Harcourt Brace, 1931.

CAMUS, Albert. *Lyrical and Critical Essays*. New York: Alfred A. Knopf, 1968.

______. On the Future of Tragedy. In: ______. *Lyrical and Critical Essays*. New York: Alfred A. Knopf, 1968.

______. On the Future of Tragedy. In: ______. *Lyrical and Critical Essays*. New York: Alfred A. Knopf, 1968.

______. *Selected Essays and Notebooks*. Harmondsworth: Penguin Books, 1970.

CASSIN, Barbara. Greeks and Romans: Paradigms of the Past in Arendt and Heidegger. *Comparative Civilisations Review*, v. 22, n.22, p.28-53, 1990.

COHEN, Mitchell. *The Wager of Lucien Goldmann*: Tragedy, Dialectics, and a Hidden God. Princeton: Princeton University Press, 1994.

CONSTANT, Benjamin. Reflections on Tragedy. In: DANIELS, Barry V. (Ed.). *Revolution in the Theatre*. Westport: Greenwood Press, 1983.

CRITCHLEY, Simon. Phaedra's Malaise. In: FELSKI, Rita (Ed.). *Rethinking Tragedy*. Baltimore: Johns Hopkins University Press, 2008.

CRITCHLEY, Simon. The Tragedy of Misrecognition. In: BILLINGS, Joshua; LEONARD, Miriam (Ed.). *Tragedy and the Idea of Modernity*. Oxford: Oxford University Press, 2015.

______; WEBSTER, Jamieson. *The Hamlet Doctrine*: Knowing Too Much, Doing Nothing. London: Verso Books, 2013.

DANIELS, Paul Raimond. *Nietzsche and the Birth of Tragedy*. Durham: Acumen, 2013.

DE CONDORCET, Antoine-Nicolas. *Sketch for a Historical Picture of the Progress of the Human Mind*. New York: The Noonday Press, 1955.

DE MAN, Paul. *Allegories of Reading*. New Haven: Yale University Press, 1979.

DELEUZE, Gilles. *Nietzsche and Philosophy*. New York: Columbia University Press, 1983. [Ed. bras.: *Nitzsche e a filosofia*. São Paulo: N-1 Edições, 2018.]

DESMOND, William. *Perplexity and Ultimacy*: Metaphysical Thoughts from the Middle. New York: State University of New York Press, 1995.

DISTASO, Leonardo V. *The Paradox of Existence*: Philosophy and Aesthetics in the Young Schelling. Dordrecht: Springer, 2004.

EAGLETON, Terence (*sic*). *The New Left Church*. London: Sheed and Ward, 1966.

EAGLETON, Terry. *Culture and the Death of God*. New Haven: Yale University Press, 2014. [Ed. bras.: *A morte de Deus na cultura*. Rio de Janeiro: Record, 2016.]

______. *Culture and the Death of God*. New Haven: Yale University Press, 2014.

______. *Hope without Optimism*. New Haven: University of Virginia Press, 2015.

______. *Sweet Violence*: The Idea of the Tragic. Oxford: Blackwell Publishing, 2003. [Ed. bras.: *Doce violência*: a ideia do trágico. São Paulo: Editora Unesp, 2013.]

______. *William Shakespeare*. Oxford: Wiley-Blackwell, 1986.

EMPSON, William. *Argufying*: Essays on Literature and Culture. Iowa City: University of Iowa Press, 1987.

______. *Some Versions of Pastoral*. London: Chatto & Windus, 1935.

ESPINOSA, Baruch. *Ethics*. London: Oxford University Press, 2000. [Ed. bras.: *Ética*. São Paulo: Autêntica, 2009.]

EUBEN, J. Peter. Introduction. In: ______ (Ed.). *Greek Tragedy and Political Theory*. Berkeley: University of California Press, 1986.

FINLEY, M. I. *Politics in the Ancient World*. Cambridge: Cambridge University Press, 1983.

FREUD, Sigmund. The Interpretation of Dreams. In: STRACHEY, James (Ed.). *The Standard Edition of the Complete Psychological Works of Sigmund Freud*. London: Hogarth Press, 1953-1974. v.4.

FRIEDRICH, Rainer. Everything to Do with Dionysus. In: SILK, M. S. (Ed.). *Tragedy and the Tragic*: Greek Theatre and Beyond. Oxford: Oxford University Press, 1991.

______. Everything to Do with Dionysus. In: SILK, M. S. (Ed.), *Tragedy and the Tragic*: Greek Theatre and Beyond. Oxford: Oxford University Press, 1991. p.257-283.

GARDNER, Helen. *Religion and Literature*. Oxford: Oxford University Press, 1971.

GELLRICH, Michelle. *Tragedy and Theory*: The Problem of Conflitc Since Aristotle. Princeton: Princeton University Press, 1988.

GERTH, Hans H.; MILLS, C. Wright (Ed.). *From Max Weber*: Essays in Sociology. London: Routledge, 1970.

GOLDHILL, Simon. Generalising about Tragedy. In: FELSKI, Rita (Ed.). *Rethinking Tragedy*. Baltimore: Johns Hopkins University Press, 2008.

______. The Ends of Tragedy. In: BILLINGS, Joshua; LEONARD, Miriam (Ed.). *Tragedy and the Idea of Modernity*. Oxford: Oxford University Press, 2015.

______. The Ends of Tragedy. In: BILLINGS, Joshua; LEONARD, Miriam (Ed.). *Tragedy and the Idea of Modernity*. Oxford: Oxford University Press, 2015.

______. The Great Dionysus and Civic Ideology. In: WINKLER, John J.; ZEITLIN, Froma I. (Ed.). *Nothing to Do with Dionysus?* Athenian Drama in its Social Context. Princeton: Princeton University Press, 1990.

GOLDMANN, Lucien. *Racine*. Cambridge: Rivers Press, 1972.

GORDON, Paul. *Tragedy after Nietzsche*. Urbana: University of Illinois Press, 2001.

GOUX, Jean-Joseph. *Oedipus, Philosopher*. Stanford: Stanford University Press, 1993.

GRAY, John. *Straw Dogs*: Thoughts on Humans and Other Animals. London: Granta Books, 2003.

GREEN, Geoffrey. *Literary Criticism and the Structure of History*: Erich Auerbach and Leo Spitzer. Lincoln: University of Nebraska Press, 1982.

HAFFENDEN, John. *William Empson*: Among the Mandarins. Oxford: Oxford University Press, 2005. v.1.

HALL, Edith. Is There a *Polis* in Aristotle's *Poetics*? In: SILK, M. S. (Ed.). *Tragedy and the Tragic*: Greek Theatre and Beyond. Oxford: Oxford University Press, 1991.

______. To Fall from High to Low Estate? Tragedy and Social Class in Historical Perspective. *PMLA*, v.129, n.4, p.773-782, out. 2014.

HALLIDAY, Stephen. Plato's Repudiation of the Tragic. In: SILK, M. S. (Ed.), *Tragedy and the Tragic*: Greek Theatre and Beyond. Oxford: Oxford University Press, 1991. p.332-349.

HALPERN, Richard. *Eclipse of Action*: Tragedy and Political Economy. Chicago: University of Chicago Press, 2017.

HEBBEL, Friedrich. *Mein Wort Uber das Drama*. Hamburg: [s.n.], 1843.

HEGEL, Georg W. F. *Aesthetics*: Lectures on Fine Art. Oxford: Oxford University Press, 1975. 2v. [Ed. bras.: *Cursos de estética II*. São Paulo: Edusp, 2014.]

______. *Phenomenology of Spirit*. Oxford: Oxford University Press, 1977. [Ed. bras.: *Fenomenologia do espírito*. Petrópolis: Vozes, 2014.]

HEIDEGGER, Martin. *Oedipus Tyrannus* em *Introduction to Metaphysics*. New Haven: Yale University Press, 2000.

______. The Origin of the Work of Art. In: KRELL, David Farrell (Ed.). *Martin Heidegger*: Basic Writings. New York: Harper Perennial, 1977.

HELLER, Agnes; FEHER, Ferenc. *The Grandeur and Twilight of Radical Universalism*. London: Transaction, 1991.

HERDER, Johann G. *Selected Writings on Aesthetics*. Princeton: Princeton University Press, 2009.

HINDERER, Walter; DAHLSTROM, Daniel O. (Ed.). *Friedrich Schiller*: Essays. New York: Continuum, 1993.

HÖLDERLIN, Friedrich. *Essays and Letters*. London: Penguin Classics, 2009.

______. *Hyperion, or the Hermit in Greece*. New York: Signet Classics, 1965.

______. The Significance of Tragedy. In: PFAU, T. (Ed.). *Friedrich Hölderlin: Essays and Letters on Theory*. Albany: University of New York Press, 1988.

HOULGATE, Stephen. Hegel's Theory of Tragedy. In: ______ (Ed.). *Hegel and the Arts*. Evanston: Northwestern University Press, 2007.

HOXBY, Blair. *What Was Tragedy?* Theory and the Early Modern Canon. Oxford: Oxford University Press, 2015.

HOXBY, Blair. *What Was Tragedy?* Theory and the Early Modern Canon. Oxford: Oxford University Press, 2015.

HUME, David. *A Treatise of Human Nature*. Oxford: Oxford University Press, 1960. [Ed. bras.: *Tratamento da natureza humana*. São Paulo: Editora Unesp, 2009.]

______. *Dialogues Concerning Natural Religion and the Natural History of Religion*. Oxford: Oxford University Press, 1993. [Ed. bras.: *História natural da religião*. São Paulo: Editora Unesp, 2012.]

HURSTHOUSE, Rosalind. *On Virtue Ethics*. Oxford: Oxford University Press, 1999.

HUXLEY, Aldous. Tragedy and the Whole Truth. In: ______. *Music at Night*. London: Ayer, 1931.

JAMES, William. Pragmatism's Conception of Truth. In: ______. *William James*: Pragmatism and Other Writings. London: Penguin, 2000.

JAMESON, Fredric. *A Singular Modernity*. London: Verso Books, 2012.

KAUFMANN, Walter (Ed.). *Basic Writings of Nietzsche*. New York: Viking Press, 1968.

______. *Tragedy and Philosophy*. New York: Doubleday, 1968.

KELLY, Henry Ansgard. *Ideas and Forms of Tragedy*. Cambridge: Cambridge University Press, 1993.

KERR, Walter. *Tragedy and Comedy*. New York: Touchstone, 1968.

KERRIGAN, John. *Revenge Tragedy*: Aeschylus to Armageddon. Oxford: Claredon Press, 1996.

KEYES, Ralph. *The Wit and Wisdom of Oscar Wilde*. London: Duckworth, 1960.

KIERKEGAARD, Søren. *Either/Or*: A Fragment of Life. Princeton: Princeton University Press, 1959. [Ed. port.: *Ou-ou*: um fragmento de vida. Lisboa: Relógio d'Água, 2013.]

______. *Fear and Trembling*. Harmondsworth: Penguin Classics, 1987. [Ed. port.: *Temor e tremor*, Ribeirão: Hemus, 2001.]

KIP, A. Maria van Erp Taalman. The Unity of the *Oresteia*. In: SILK, M. S. (Ed.). *Tragedy and the Tragic*: Greek Theatre and Beyond. Oxford: Oxford University Press, 1991.

KLEIN, Lawrence E. *Shaftesbury and the Culture of Politeness*. Cambridge: Cambridge University Press, 1994.

KNOX, Bernard A. *Oedipus at Thebes*. New Haven: Yale University Press, 1998.

KRELL, David Farrell. *The Tragic Absolute*. Bloomington: Indiana University Press, 2005.

KROOK, Dorothea. *Elements of Tragedy*. New Haven: Yale University Press, 1969.

KRUTCH, Joseph Wood. *The Modern Temper*. London: Harcourt Brace, 1930.

LA ROCHEFOUCAULD, Duc de. *Maxims and Moral Reflections*. London: A. Millar, 1749.

LACOUE-Labarthe, Philippe. On the Sublime. *Postmodernism: ICA Documents 4*, p.1-72, 1986.

LAMBROPOULOS, Vassilis. *The Tragic Idea*. London: Bristol Classical Press, 2006.

LEAVIS, F. R. *The Common Pursuit*. London: Faber & Faber, 2008.

LEONARD, Miriam. *Tragic Modernities*. Cambridge: Harvard University Press, 2015.

LESSING, G. E. *The Hamburg Dramaturgy*. New York: Dover Publications, 1962.

LUCAS, F. L. *Tragedy*: Serious Drama in Relation to Aristotle's "Poetics". London: Hogarth Press, 1966.

LUKÁCS, Georg. *Soul and Form*. London: Merlin Press, 1974.

MACMURRAY, John. *The Self as Agent*. London: Faber, 1969.

MAGRIS, Claudio. A Cryptogram of its Age. *New Left Review*, n.95, p.95-107, set.-out, 2015.

MARX, Karl. *The Eighteenth Brumaire of Louis Bonaparte*. London: Lawrence & Wishart, 1984. [Ed. bras.: *O 18 de brumário de Luís Bonaparte*. São Paulo: Boitempo, 2011.]

______; ENGELS, Friedrich. *On Literature and Art*. Moscow: Progress, 1976. p.98-101.

MASON, Paul. *PostCapitalism*: A Guide to Our Future. London: Farrar, Straus and Giroux, 2015. [Ed. bras.: *Pós-capitalismo*: um guia para o nosso futuro. São Paulo: Companhia das Letras, 2017.]

MCCABE, Richard. *Incest, Drama, and Nature's Law*: 1550-1700. Cambridge: Cambridge University Press, 1993.

MEGILL, Allan. *Prophets of Extremity*. Berkeley: University of California Press, 1985.

MERLEAU-PONTY, Maurice. *Humanism and Terror*: An Essay on the Communist Problem. Boston: Beacon Press, 1969. [Ed. bras.: *Humanismo e terror*: ensaio sobre o problema comunista. São Paulo: Tempo Brasileiro, 1968.]

MILL, John Stuart. *On Liberty and Other Essays*. Oxford: Oxford University Press, 1991. [Ed. bras.: *Sobre a liberdade*. Porto Alegre: L&PM, 2016.]

MILLER, Arthur. *Plays 1*. London: Bloomsbury, 2014.

______. Tragedy and the Common Man. In: ______. *The Theater Essays of Arthur Miller*. New York: Penguin Books, 1978.

MORETTI, Franco. *Signs Taken for Wonders*: Essays in the Sociology of Literary Forms. London: Verso Books, 1983.

______. *The Bourgeois*: Between History and Literature. London: Verso Books, 2013.

MOST, Glenn W. Generating Genres: The Idea of the Tragic. In: DEPEW, Mary; OBLINK, Dirk (Ed.). *Matrices of Genre*: Authors, Canons, and Society. Cambridge: Harvard University Press, 2000.

MULHALL, Stephen. *The Great Riddle*: Wittgenstein and Nonsense, Theology and Philosophy. Oxford: Oxford University Press, 2015.

MURDOCH, Iris. *The Sovereignty of the Good*. London: Routledge, 2006.

NIETZSCHE, Friedrich. *Ecce Homo*. In: KAUFMANN, Walter (Ed.). *Basic Writings of Nietzsche*. New York: Viking Press, 1968. [Ed. bra.: *Ecce Homo*. São Paulo: Companhia das Letras, 2008.]

______. *The Birth of Tragedy*. In: KAUFMANN, Walter. (Ed.). *Basic Writings of Nietzsche*. [Ed. bras.: *O nascimento da tragédia*. São Paulo: Companhia das Letras, 2007.]

______. *The Genealogy of Morals*. In: KAUFMANN, Walter (Ed.). *Basic Writings of Nietzsche*. New York: Viking Press, 1968. [Ed. bras.: *Genealogia da moral*. São Paulo: Companhia das Letras, 2009.]

______. *The Joyful Wisdom*. London: T. N. Foulis, 1910. [Ed. bras.: *A gaia ciência*. São Paulo: Companhia das Letras, 2012.]

______. *The Will to Power*. New York: Random, 1968. [Ed. bras.: *A vontade de poder*. Rio de Janeiro: Contraponto, 2020.]

NORRIS, Christopher. *William Empson and the Philosophy of Literary Criticism*. London: Athione Press, 1978.

PAOLUCCI, Anne; PAOLUCCI, Henry (Ed.). *Hegel on Tragedy*. New York: Doubleday, 1962.

PASCAL, Blaise. *Pensées*. Harmondsworth: Penguin Books, 1966. [Ed. bras.: *Pensamentos*. Campinas: Kirion, 1923.]

PEARSON, Keith Ansell. *Nietzsche*. London: Granta Books, 2005.

PFAU, Thomas (Ed.). *Friedrich Hölderlin: Essays and Letters on Theory*. Albany: University of New York Press, 1988.

PIRRO, Robert C. *Hannah Arendt and the Politics of Tragedy*. DeKalb: Northern Illinois University Press, 2001.

______. *The Politics of Tragedy and Democratic Citizenship*. London: Continuum, 2011.

PORTER, Dennis (Ed.). *The Seminar of Jacques Lacan*. Book 7: The Ethics of Psychoanalysis. New York: Loraux, 1986. [Ed. bras. *O seminário*. Livro 7: A ética da psicanálise. Rio de Janeiro: Zahar, 1988.]

PRAWER, S. S. *Karl Marx and World Literature*. Oxford: Oxford University Press, 1976.

RAPHAEL, David D. *The Paradox of Tragedy*. London: George Allen & Unwin, 1960.

REISS, Hans (Ed.). *Kant's Political Writings*. Cambridge: Cambridge University Press, 1970.

REISS, Timothy J. *Tragedy and Truth*. New Haven: Yale University Press, 1980.

RICHARDS, Ivor A. *Coleridge on Imagination*. London: Routledge, 2001.

______. *Mencius on the Mind*. London: Routledge, 2001.

______. *Principles of Literary Criticism*. London: Psychology Press, 2001.

ROBBE-GRILLET, Alain. Nature, Humanism and Tragedy. In: ______. *For a New Novel*. Freeport: Books for Libraries Press, 1970. [Ed. bras.: Natureza, humanismo e tragédia. In: VELHO, Gilberto (Org.). *Sociologia da arte*. Rio de Janeiro: Zahar, 1971.]

ROBERTS, David. *Art and Enlightenment*: Aesthetic Theory after Adorno. Lincoln: University of Nebraska Press, 1991.

ROBERTS, John. *The Necessity of Errors*. London: Verso Books, 2011.

ROCCO, Christopher. *Tragedy and Enlightenment*. Berkeley: University of California Press, 1997.

ROSENZWEIG, Franz. *The Star of Redemption*. London: Routledge & Kegan Paul, 1971.

SANDS, Kathleen M. Tragedy, Theology, and Feminism. In: FELSKI, Rita (Ed.). *Rethinking Tragedy*. Baltimore: Johns Hopkins University Press, 2008.

SANTNER, Eric L. *The Weight of All Flesh*: On the Subject-Matter of Political Economy. Oxford: Oxford University Press, 2016.

SCHELER, Max. On the Tragic. In: CORRIGAN, R. W. (Ed.). *Tragedy*: Vision and Form. New York: Chandler, 1965.

SCHELLING, Friedrich W. J. *System of Transcendental Idealism*. Charlottesville: University Press of Virginia, 1978.

______. Letters on Dogmatism and Criticism. In: SCHMIDT, Dennis. *On Germans and Other Greeks*. Bloomington: Indiana University Press, 2001.

______. *Philosophy of Art*. Minneapolis: University of Minnesota Press, 1989. [Ed. bras.: *Filosofia da arte*. São Paulo: Edusp, 2001.]

______. *Naive and Sentimental Poetry, and On the Sublime*: Two Essays. New York: F. Ungar, 1967.

SCHLEGEL, Friedrich. *"Lucinda" and the Fragments*. Minneapolis: Univesity of Minnesota Press, 1971.

SCHMIDT, Dennis. *On Germans and Other Greeks*. Bloomington: Indiana University Press, 2001.

SCHMITT, Carl. *Hamlet or Hecuba?* The Intrusion of the Time into de Play. Candor: Telos Press, 2009.

SCHOPENHAUER, Arthur. *The World as Will and Representation*. New York: Dover, 1969. v.1-2. [Ed. bras.: *O mundo como vontade e representação*. São Paulo: Editora Unesp, 2015. t.1-2.]

SCRUTON, Roger. *Spinoza*. Oxford: Oxford University Press, 2002.

______. *The Uses of Pessimism*: And the Danger of False Hope. Oxford: Oxford University Press, 2010.

SEGAL, Charles. *Oedipus Tyrannus*: Tragic Heroism and the Limits of Knowledge. Oxford: Oxford University Press, 2001.

______. *Tragedy and Civilisation*: An Interpretation of Sophocles. Cambridge: Harvard University Press, 1981.

SHAW, Devin Zane. *Freedom and Nature in Schelling's Philosophy of Art*. London: Continuum, 2010.

SIMMEL, Georg. On the Concept and Tragedy of Culture. In: ETZKORN, K. Peter (Ed.). *Georg Simmel*: The Conflict in Modern Culture and Other Essays. New York: Teachers College Press, 1968. [Ed. bras.: O conceito e a tragédia da cultura. Trad. Antonio Carlos Santos. In: *Crítica Cultura – Critic*, v.9, n.1, p.145-162, jan.-jun. 2014.]

SKINNER, Quentin. *Machiavelli*: A Very Short Introduction. Oxford: Oxford University Press, 2000.

SLOTERDIJK, Peter. *Thinker on Stage*: Nietzsche's Materialism. Minneapolis: University of Minnesota Press, 1989.

SOLGER, K. W. F. *Vorlesungen uber Aesthetik*. Leipzig: F. A. Brockhaus, 1829.

SOMBART, Werner. *The Quintessence of Capitalism*. London: T. F. Unwin, 1915.

SONTAG, Susan. The Death of Tragedy. In: ______. *Against Interpretation*. London: Vintage, 1994.

SOREL, Georges. *Reflections on Violence*. New York: [s.n.], 1947. [Ed. bras.: *Reflexões sobre a violência*. Petrópolis: Vozes, 1993.]

STALEY, Gregory. *Seneca and the Idea of Tragedy*. Oxford: Oxford University Press, 2010.

STAVRAKAKIS, Yannis. *The Lacanian Left*. Edinburgh: Edinburgh University Press, 2007.

STEINER, George. "Tragedy", Reconsidered. In: FELSKI, Rita (Ed.). *Rethinking Tragedy*. Baltimore: Johns Hopkins University Press, 2008.

______. *The Death of Tragedy*. London: Alfred A. Knopf, 1961. [Ed. bras.: *A morte da tragédia*. São Paulo: Perspectiva: 2006.]

STEVENS, Wallace. *Opus Posthumous*. New York: Knopf, 1957.

SYNGE, John M. *The Playboy of the Western World and Other Plays*. Oxford: Oxford University Press, 1995.

SZONDI, Peter. *An Essay on the Tragic*. Stanford: Stanford University Press, 2002.

TAYLOR, Charles. *The Sources of the Self*: The Making of the Modern Identity. Cambridge: Cambridge University Press, 1989.

TIEDEMANN, Rolf; SCHWEPPENHAUSER, Hermann (Ed.). *Walter Benjamin*: Gesammelte Schriften: Frankfurt am Main: Suhrkamp, 1966. v.1.

TILLYARD, Eustace M. W. *The Elizabethan World Picture*. London: Chatto & Windus, 1943.

TOPLISS, Iain. Oedipus/Freud and the Psychoanalytic Narrative. In: COLLITS, T. (Ed.). *Agamemnon's Mask*: Greek Tragedy and Beyond. New Delhi: Macmillan India, 2007.

VAIHINGER, Hans. *The Philosophy of "As If"*. London: Routledge, 1924. [Ed. bras.: *A filosofia do como se*. Chapecó: Argos, 2011.]

VAN ES, Bart. Too Much Changed. *Times Literary Supplement*, 2 set. 2016.

VAN LAAN, Thomas. The Death of Tragedy Myth. *Journal of Dramatic Theory and Criticism*, p.5-31, 1991.

VERNANT, Jean-Pierre. Ambiguity and Reversal: On the Enigmatic Structure of Oedipus Rex. In: SEGAL, E. (Ed.). *Oxford Readings in Greek Tragedy*. Oxford: Oxford University Press, 1983.

VERNANT, Jean-Pierre; VIDAL-NAQUET, Pierre. *Myth and Tragedy in Ancient Greece*. New York: Zone Books, 1960. [Ed. bras.: *Mito e tragédia na Grécia Antiga*. São Paulo: Perspectiva: 2020.]

VISCHER, Friedrich Theodor. *Aesthetik, oder, Wissenschaften des Schonen*. Stuttgart: Mäcken, 1858. p.277-333.

WALLACE, Jennifer. *The Cambridge Introduction to Tragedy*. Cambridge: Cambridge University Press, 2007.

WEBER, Max. Science as a Vocation. In: GERTH, H. H.; MILLS, C. Wright (Ed.). *From Max Weber*: Essays in Sociology. London: Routledge, 1970. p.129-156.

WILLIAMS, Bernard. *Shame and Necessity*. Berkeley: University of California Press, 1993.

WILLIAMS, Raymond. *Marxism and Literature*. Oxford: Oxford University Press, 1977. [Ed. bras.: *Marxismo e literatura*. Rio de Janeiro: Zahar, 1979.]

______. *Modern Tragedy*. Redwood City: Stanford University Press, 1966. [Ed. bras.: *Tragédia moderna*. São Paulo: Cosac & Naify, 2002.]

______. *Modern Tragedy*. Redwood City: Stanford University Press, 1966.

______. *Politics and Letters*. London: Verso Books, 1979. [Ed. bras.: *A política e as letras*. São Paulo: Editora Unesp, 2013.]

______. *The Long Revolution*. New York: Columbia University Press, 1961.

WILLIAMS, Rowan. *The Tragic Imagination*. Oxford: Oxford University Press, 2016.

______. Trinity and Ontology. In: SURIN, Kenneth (Ed.). *Christ, Ethics and Tragedy*. Cambridge: Cambridge University Press, 1989.

WILMER, S. E.; ZUKAUSKAITE, Audrone (Ed.). *Interrogating Antigone in Postmodern Philosophy and Criticism*. Oxford: Oxford University Press, 2010.

WILSON, Emily (Ed.). *A Cultural History of Tragedy*: In Antiquity. London: Bloomsbury, 2019. v.1.

WITTGENSTEIN, Ludwig. *Culture and Value*. Oxford: Blackwell, 1998.

______. Lecture on Ethics. *Philosophical Review*, v.74, n.1, p.3-12, 1965.

YEATS, W. B. *Essays and Introductions*. New York: Macmillan, 1961.

YOUNG, Julian. *The Philosophy of Tragedy from Plato to Žižek*. Cambridge: Cambridge University Press, 2013.

ZEITLIN, Froma. Thebes: Theater of Self and Society in Athenian Drama. In: EUBEN, J. Peter (Ed.). *Greek Tragedy and Political Theory*. Berkeley: University of California Press, 1986.

ŽIŽEK, Slavoj. A Plea for Ethical Violence. *The Bible and Critical Theory*, v.1, n.1, 2004.

______. *Did Somebody Say Totalitarianism?* London: Verso Books, 2001. [Ed. bras.: *Alguém disse totalitarismo?* São Paulo: Boitempo, 2014.]

______. *The Fragile Absolute*: or Why Is the Christian Legacy Worth Fighting For? London: Verso Books, 2008. p.40. [Ed. bras.: *O absoluto frágil*. São Paulo: Boitempo, 2015.]

______. *The Parallax View*. Cambridge: MIT Press, 2006. [Ed. bras.: *A visão em paralaxe*. São Paulo: Boitempo, 2008.]

______. *The Puppet and the Dwarf*: The Perverse Core of Christianity. Cambridge: MIT Press, 2003. p.81.

Índice remissivo

SOBRE O LIVRO

Formato: 13,7 x 21 cm
Mancha: 24,5 x 38,7 paicas
Tipologia: Iowan Old Style 10/14
Papel: Off-White 80 g/m^2 (miolo)
Cartão Triplex 250 g/m^2 (capa)

1ª edição Editora Unesp: 2025

EQUIPE DE REALIZAÇÃO

Edição de texto
Maísa Kawata (Copidesque)
Jennifer Rangel de França (Revisão)

Capa
Marcelo Girard

Imagem de capa
Barquinho de brinquedo (c. 1850-1900), acervo do Museum Rotterdam.
Foto de Theo van Pinxteren [CC BY-SA 3.0], via Wikimedia Commons.

Editoração eletrônica
Sergio Gzeschnik

Assistente de produção
Erick Abreu

Assistência editorial
Alberto Bononi
Gabriel Joppert

Rettec artes gráficas e editora

Rua Xavier Curado, 388 • Ipiranga - SP • 04210 100
Tel.: (11) 2063 7000
rettec@rettec.com.br • www.rettec.com.br